„POKÓJ WAM!”.
PODNIÓSŁ RĘCE
I BŁOGOSŁAWIŁ ICH...
I ZOSTAŁ UNIESIONY
DO NIEBA.
Łk 24, 36. 50-51

Tytuł oryginału: The Life of Jezus. A Graphic Novel

Drejervej 15, DK-2400 Copenhagen, NV, Denmark
e-mail: info@sph.as

Conceived, designed and produced
by Scandinavia Publishing House

Tłumaczenie: Katarzyna Przybylska
Konsultacja merytoryczna: ks. Bogusław Zeman SSP,
ks. Marcin Romanowski SSP
Redakcja: Ilona Kisiel; **Korekta:** Katarzyna Kruś
Okładka: Edyta Woźniczko, Ewa Burdzicka
Skład i łamanie: Tomasz Mstowski

Druk i oprawa:
Drukarnia im. A. Półtawskiego – Kielce

Książka opracowana na podstawie:
Pismo Święte Starego i Nowego Testamentu.
Najnowszy przekład z języków oryginalnych z komentarzem
© Edycja Świętego Pawła, Częstochowa 2011

Nihil obstat:
ks. Bogusław Zeman SSP
przełożony prowincjalny
Towarzystwa Świętego Pawła
Częstochowa, 14 grudnia 2017 r.

ISBN 978-83-7797-810-8
ISBN 978-83-7797-959-4

ul. Św. Pawła 13/15 • 42-221 Częstochowa
tel. 34.362.06.89 • fax 34.362.09.89
www.edycja.com.pl • e-mail: edycja@edycja.com.pl

Dystrybucja:
Centrum Logistyczne Edycji Świętego Pawła
ul. Hutnicza 46 • 42-263 Wrzosowa k. Częstochowy
tel. 34.366.15.50 • fax 34.370.83.74
e-mail: dystrybucja@edycja.com.pl

Księgarnia internetowa:
www.edycja.pl

Życie Jezusa

BIBLIA W KOMIKSIE

POMYSŁ I ILUSTRACJE
JOSÉ PÉREZ MONTERO

TEKST BEN ALEX

ŚWIĘTY PAWEŁ

SPIS TREŚCI

Narodziny i chrzest w Jordanie

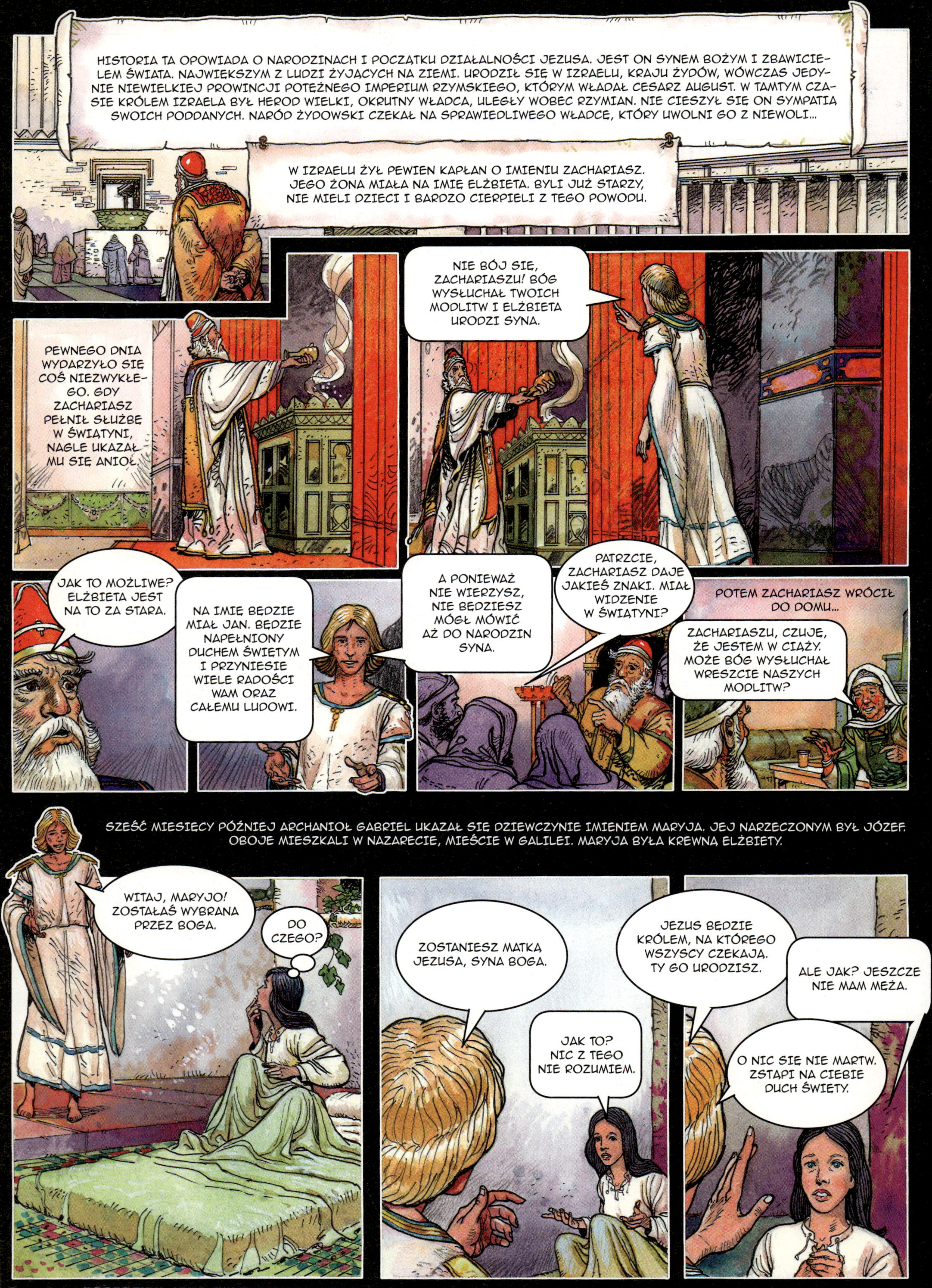
HISTORIA TA OPOWIADA O NARODZINACH I POCZĄTKU DZIAŁALNOŚCI JEZUSA. JEST ON SYNEM BOŻYM I ZBAWICIELEM ŚWIATA, NAJWIĘKSZYM Z LUDZI ŻYJĄCYCH NA ZIEMI. URODZIŁ SIĘ W IZRAELU, KRAJU ŻYDÓW, WÓWCZAS JEDYNIE NIEWIELKIEJ PROWINCJI POTĘŻNEGO IMPERIUM RZYMSKIEGO, KTÓRYM WŁADAŁ CESARZ AUGUST. W TAMTYM CZASIE KRÓLEM IZRAELA BYŁ HEROD WIELKI, OKRUTNY WŁADCA, ULEGŁY WOBEC RZYMIAN. NIE CIESZYŁ SIĘ ON SYMPATIĄ SWOICH PODDANYCH. NARÓD ŻYDOWSKI CZEKAŁ NA SPRAWIEDLIWEGO WŁADCĘ, KTÓRY UWOLNI GO Z NIEWOLI...
W IZRAELU ŻYŁ PEWIEN KAPŁAN O IMIENIU ZACHARIASZ. JEGO ŻONA MIAŁA NA IMIĘ ELŻBIETA. BYLI JUŻ STARZY, NIE MIELI DZIECI I BARDZO CIERPIELI Z TEGO POWODU.
PEWNEGO DNIA WYDARZYŁO SIĘ COŚ NIEZWYKŁEGO. GDY ZACHARIASZ PEŁNIŁ SŁUŻBĘ W ŚWIĄTYNI, NAGLE UKAZAŁ MU SIĘ ANIOŁ.
NIE BÓJ SIĘ, ZACHARIASZU! BÓG WYSŁUCHAŁ TWOICH MODLITW I ELŻBIETA URODZI SYNA.
JAK TO MOŻLIWE? ELŻBIETA JEST NA TO ZA STARA.
NA IMIĘ BĘDZIE MIAŁ JAN. BĘDZIE NAPEŁNIONY DUCHEM ŚWIĘTYM I PRZYNIESIE WIELE RADOŚCI WAM ORAZ CAŁEMU LUDOWI.
A PONIEWAŻ NIE WIERZYSZ, NIE BĘDZIESZ MÓGŁ MÓWIĆ AŻ DO NARODZIN SYNA.
PATRZCIE, ZACHARIASZ DAJE JAKIEŚ ZNAKI. MIAŁ WIDZENIE W ŚWIĄTYNI?
POTEM ZACHARIASZ WRÓCIŁ DO DOMU...
ZACHARIASZU, CZUJĘ, ŻE JESTEM W CIĄŻY. MOŻE BÓG WYSŁUCHAŁ WRESZCIE NASZYCH MODLITW?
SZEŚĆ MIESIĘCY PÓŹNIEJ ARCHANIOŁ GABRIEL UKAZAŁ SIĘ DZIEWCZYNIE IMIENIEM MARYJA. JEJ NARZECZONYM BYŁ JÓZEF. OBOJE MIESZKALI W NAZARECIE, MIEŚCIE W GALILEI. MARYJA BYŁA KREWNĄ ELŻBIETY.
WITAJ, MARYJO! ZOSTAŁAŚ WYBRANA PRZEZ BOGA.
DO CZEGO?
ZOSTANIESZ MATKĄ JEZUSA, SYNA BOGA.
JAK TO? NIC Z TEGO NIE ROZUMIEM.
JEZUS BĘDZIE KRÓLEM, NA KTÓREGO WSZYSCY CZEKAJĄ. TY GO URODZISZ.
ALE JAK? JESZCZE NIE MAM MĘŻA.
O NIC SIĘ NIE MARTW. ZSTĄPI NA CIEBIE DUCH ŚWIĘTY.

JESZCZE JEDNO. TWOJA KREWNA ELŻBIETA TAKŻE SPODZIEWA SIĘ SYNA. URODZI ZA TRZY MIESIĄCE.
MARYJA WIEDZIAŁA, ŻE DLA DZIEWCZYNY, KTÓRA NIE MA JESZCZE MĘŻA, CIĄŻA OZNACZA POWAŻNE KŁOPOTY. CO ZROBI JEJ NARZECZONY, JÓZEF, KIEDY POWIE MU, ŻE SPODZIEWA SIĘ DZIECKA?
ZGADZAM SIĘ. NIECH STANIE SIĘ TAK, JAK POWIEDZIAŁEŚ.
WTEDY ANIOŁ ZNIKNĄŁ.
MARYJA NIE MOGŁA SIĘ DOCZEKAĆ, ŻEBY PODZIELIĆ SIĘ TYMI WIADOMOŚCIAMI Z ELŻBIETĄ. WIEDZIAŁA, ŻE ONA NA PEWNO JĄ ZROZUMIE. WYRUSZYŁA W PODRÓŻ Z NAZARETU DO JUDEI, GDZIE MIESZKAŁA ELŻBIETA.
MARYJO!
ELŻBIETO!
GDY CIĘ USŁYSZAŁAM, MOJE DZIECKO, KTÓRE NOSZĘ POD SERCEM, ZACZĘŁO SIĘ RUSZAĆ. TO Z RADOŚCI.
DUCH ŚWIĘTY POZWOLIŁ ELŻBIECIE ZROZUMIEĆ, ŻE MARYJA BĘDZIE MATKĄ ZBAWICIELA.
ELŻBIETO, MOJA DUSZA WIELBI PANA, BO WEJRZAŁ NA MNIE, JEGO POKORNĄ SŁUŻEBNICĘ.
CIESZMY SIĘ, MARYJO! BÓG OKAZAŁ NAM SWOJĄ DOBROĆ.
MARYJA ZOSTAŁA U ELŻBIETY PRZEZ TRZY MIESIĄCE.
ELŻBIETA URODZIŁA ZDROWEGO CHŁOPCA. SĄSIEDZI I KREWNI CIESZYLI SIĘ RAZEM Z NIĄ. KIEDY CHŁOPIEC SKOŃCZYŁ OSIEM DNI, MIAŁ ZOSTAĆ OBRZEZANY I OTRZYMAĆ IMIĘ.
CZY NIE POWINIEN NAZYWAĆ SIĘ ZACHARIASZ, JAK JEGO OJCIEC?
BĘDZIE MIAŁ NA IMIĘ JAN.
ZACHARIASZ NAPISAŁ NA TABLICZCE: NA IMIĘ MU JAN!
CO MYŚLI JEGO OJCIEC?
NATYCHMIAST USTA ZACHARIASZA OTWORZYŁY SIĘ I ZNOWU MÓGŁ MÓWIĆ.
CHWAŁA PANU! ON PRZYSZEDŁ DO SWOJEGO LUDU I GO WYZWOLIŁ. MIŁOSIERNY BÓG NAWIEDZI NAS JAK WSCHODZĄCE SŁOŃCE I ROZPROSZY MROKI ŚMIERCI!
JAN RÓSŁ, A Z NIM JEGO MOC DUCHOWA. WYCHOWYWAŁ SIĘ Z DALA OD LUDZI AŻ DO DNIA PUBLICZNEGO WYSTĄPIENIA PRZED IZRAELEM.

MARYJA OPUŚCIŁA DOM ELŻBIETY I ZACHARIASZA I WRÓCIŁA DO NAZARETU.
WITAJ, JÓZEFIE!
JAK MU TO WSZYSTKO WYJAŚNIĆ?
WITAJ W DOMU! JAK SIĘ UDAŁA WIZYTA? CO U ELŻBIETY?
CUDOWNIE! URODZIŁA ŚLICZNEGO SYNKA.
TO WSPANIALE, MA JUŻ JEDNAK SWOJE LATA.
JÓZEFIE, MUSZĘ CI COŚ POWIEDZIEĆ...
CO SIĘ STAŁO?
JÓZEFIE, CZY TWOJA RODZINA WYWODZI SIĘ Z RODU KRÓLA DAWIDA?
TAK.
WIESZ, ŻE WEDŁUG PROROKÓW MESJASZ BĘDZIE POCHODZIŁ Z RODU DAWIDA?
NO TAK...
JÓZEFIE, TO JA BĘDĘ JEGO MATKĄ. JESTEM W TRZECIM MIESIĄCU CIĄŻY.
JAK MOGŁAŚ MI TO ZROBIĆ?
JÓZEFIE, POCZEKAJ! TO WOLA BOGA, PRZYSIĘGAM. ANIOŁ POWIEDZIAŁ MI, ŻE BÓG WYBRAŁ NAS NA JEGO RODZICÓW.
NIE MOGĘ TERAZ POŚLUBIĆ MARYI. NIE CHCĘ JEDNAK, ŻEBY LUDZIE WYTYKALI JĄ PALCAMI I ŹLE JĄ TRAKTOWALI. PRZECIEŻ WCIĄŻ JĄ KOCHAM. CO MAM ZROBIĆ?
PEWNEJ NOCY...
MUSZĘ ZERWAĆ ZARĘCZYNY.
JÓZEF MIAŁ MĘTLIK W GŁOWIE. WTEM...
NIE MARTW SIĘ, JÓZEFIE. MARYJA MÓWI PRAWDĘ. MOŻESZ JĄ POŚLUBIĆ, GDYŻ JEJ DZIECKO POCZĘŁO SIĘ Z DUCHA ŚWIĘTEGO.
ANIOŁ BOŻY!

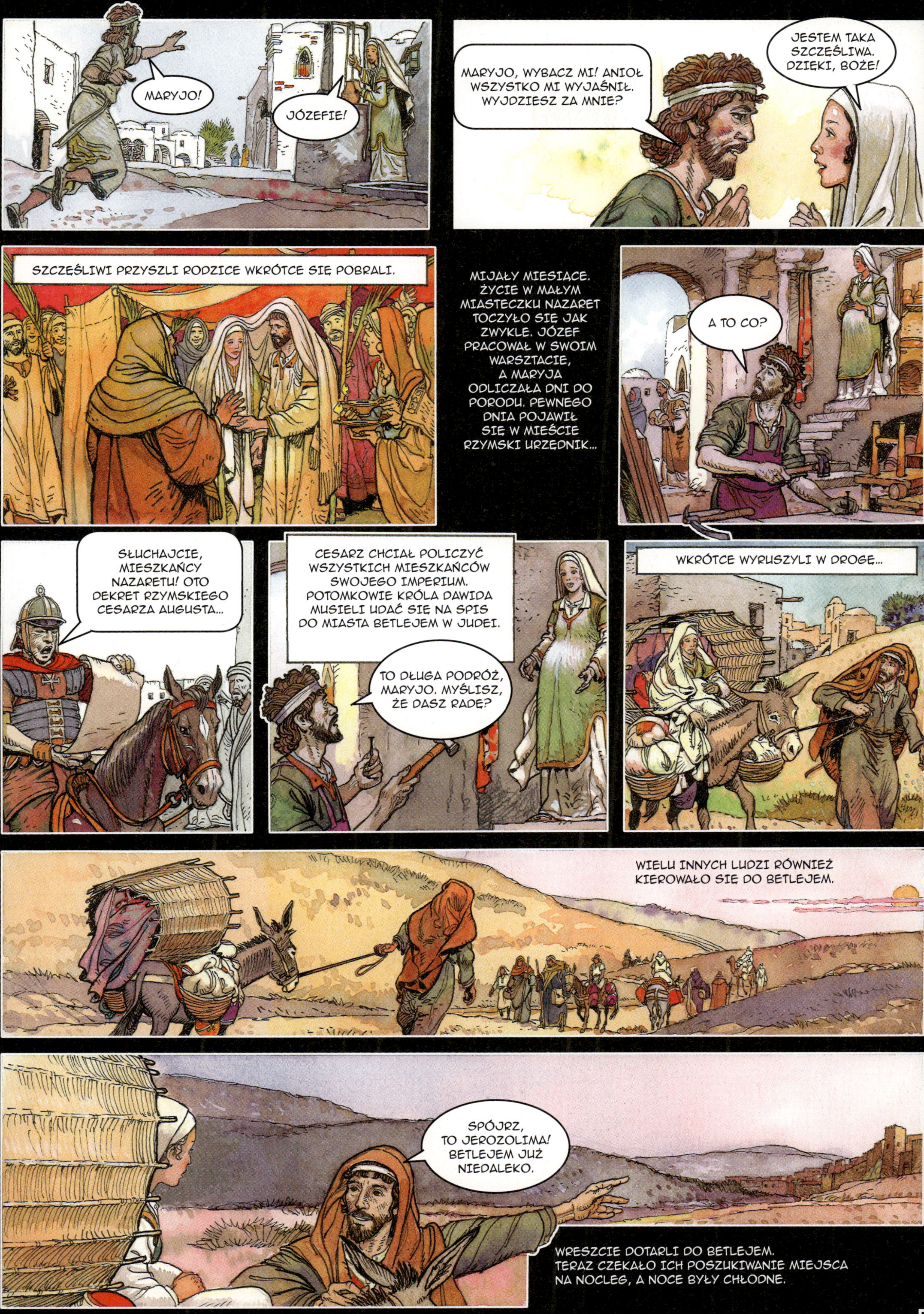
MARYJO!
JÓZEFIE!
MARYJO, WYBACZ MI! ANIOŁ WSZYSTKO MI WYJAŚNIŁ. WYJDZIESZ ZA MNIE?
JESTEM TAKA SZCZĘŚLIWA. DZIĘKI, BOŻE!
SZCZĘŚLIWI PRZYSZLI RODZICE WKRÓTCE SIĘ POBRALI.
MIJAŁY MIESIĄCE. ŻYCIE W MAŁYM MIASTECZKU NAZARET TOCZYŁO SIĘ JAK ZWYKLE. JÓZEF PRACOWAŁ W SWOIM WARSZTACIE, A MARYJA ODLICZAŁA DNI DO PORODU. PEWNEGO DNIA POJAWIŁ SIĘ W MIEŚCIE RZYMSKI URZĘDNIK...
A TO CO?
SŁUCHAJCIE, MIESZKAŃCY NAZARETU! OTO DEKRET RZYMSKIEGO CESARZA AUGUSTA...
CESARZ CHCIAŁ POLICZYĆ WSZYSTKICH MIESZKAŃCÓW SWOJEGO IMPERIUM. POTOMKOWIE KRÓLA DAWIDA MUSIELI UDAĆ SIĘ NA SPIS DO MIASTA BETLEJEM W JUDEI.
TO DŁUGA PODRÓŻ, MARYJO. MYŚLISZ, ŻE DASZ RADĘ?
WKRÓTCE WYRUSZYLI W DROGĘ...
WIELU INNYCH LUDZI RÓWNIEŻ KIEROWAŁO SIĘ DO BETLEJEM.
SPÓJRZ, TO JEROZOLIMA! BETLEJEM JUŻ NIEDALEKO.
WRESZCIE DOTARLI DO BETLEJEM. TERAZ CZEKAŁO ICH POSZUKIWANIE MIEJSCA NA NOCLEG, A NOCE BYŁY CHŁODNE.

JÓZEFIE, DZIECKO LADA MOMENT SIĘ URODZI.
W MIEŚCIE BYŁY TŁUMY. JÓZEF CHODZIŁ OD DRZWI DO DRZWI...
PRZYKRO MI, WSZYSTKO ZAJĘTE.
MARYJA ZACZĘŁA RODZIĆ. JÓZEF BYŁ ZDESPEROWANY...
ZNAM KOGOŚ, KTO MOŻE WAM POMÓC.
DOBRZE, MOŻECIE ZATRZYMAĆ SIĘ NA NOC W MOJEJ STAJNI.
TEDY!
JÓZEFIE, JUŻ CZAS!
NIECH BÓG WAM POMOŻE!
WŁAŚNIE TAM, W STAJNI W BETLEJEM, NARODZIŁ SIĘ ZBAWICIEL ŚWIATA.

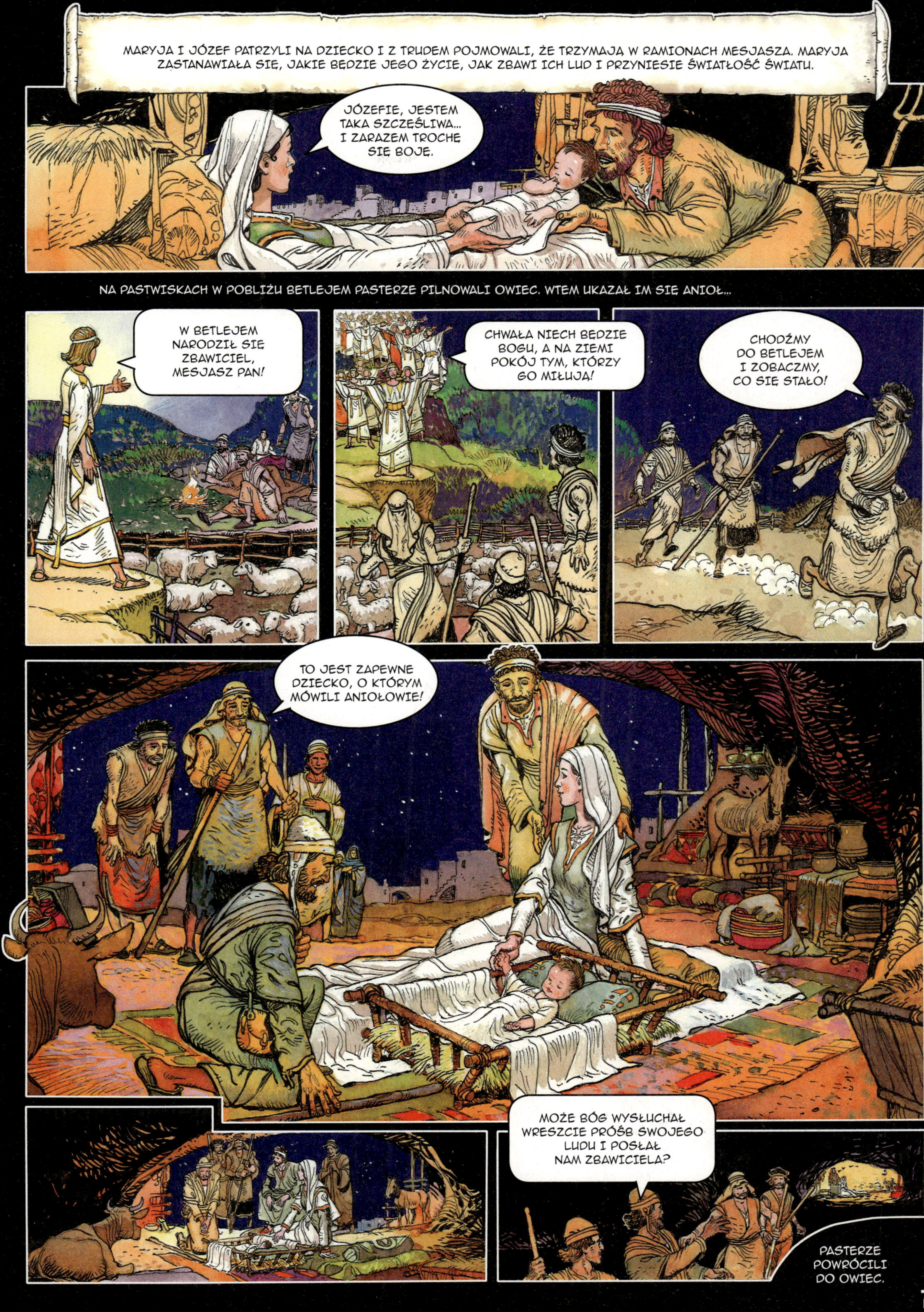

MARYJA I JÓZEF PATRZYLI NA DZIECKO I Z TRUDEM POJMOWALI, ŻE TRZYMAJĄ W RAMIONACH MESJASZA. MARYJA ZASTANAWIAŁA SIĘ, JAKIE BĘDZIE JEGO ŻYCIE, JAK ZBAWI ICH LUD I PRZYNIESIE ŚWIATŁOŚĆ ŚWIATU.
JÓZEFIE, JESTEM TAKA SZCZĘŚLIWA... I ZARAZEM TROCHĘ SIĘ BOJĘ.
NA PASTWISKACH W POBLIŻU BETLEJEM PASTERZE PILNOWALI OWIEC. WTEM UKAZAŁ IM SIĘ ANIOŁ...
W BETLEJEM NARODZIŁ SIĘ ZBAWICIEL, MESJASZ PAN!
CHWAŁA NIECH BĘDZIE BOGU, A NA ZIEMI POKÓJ TYM, KTÓRZY GO MIŁUJĄ!
CHODŹMY DO BETLEJEM I ZOBACZMY, CO SIĘ STAŁO!
TO JEST ZAPEWNE DZIECKO, O KTÓRYM MÓWILI ANIOŁOWIE!
MOŻE BÓG WYSŁUCHAŁ WRESZCIE PRÓŚB SWOJEGO LUDU I POSŁAŁ NAM ZBAWICIELA?
PASTERZE POWRÓCILI DO OWIEC.

KIEDY JEZUS ZOSTAŁ OBRZEZANY I NADANO MU IMIĘ, JÓZEF I MARYJA ZANIEŚLI GO DO ŚWIĄTYNI W JEROZOLIMIE, ABY GO OFIAROWAĆ BOGU. ZŁOŻYLI TEŻ OFIARĘ - PARĘ SYNOGARLIC LUB DWA MŁODE GOŁĘBIE.
MA NA IMIĘ JEZUS. TO ZNACZY 'BÓG ZBAWIA'.
DO MARYI I JÓZEFA PODSZEDŁ POBOŻNY STARZEC SYMEON...
CZY MOGĘ GO WZIĄĆ NA RĘCE? BÓG POWIEDZIAŁ MI, ŻE NIE UMRĘ, DOPÓKI NIE UJRZĘ ZBAWICIELA.
BOŻE, TERAZ MOGĘ ODEJŚĆ Z TEGO ŚWIATA W POKOJU, PONIEWAŻ ZOBACZYŁEM ZBAWICIELA.
TO DZIECKO BĘDZIE ŚWIATŁEM DLA LUDU IZRAELA I DLA CAŁEGO ŚWIATA!
TY BĘDZIESZ CIERPIEĆ JAKO MATKA, BO WIELU GO ZNIENAWIDZI, PONIEWAŻ UJAWNI ICH NAJSKRYTSZE MYŚLI. ZA TO INNI BĘDĄ SIĘ CIESZYĆ.
W ŚWIĄTYNI BYŁA RÓWNIEŻ STARSZA KOBIETA IMIENIEM ANNA. POŚCIŁA, MODLIŁA SIĘ DNIEM I NOCĄ, OPOWIADAŁA LUDZIOM O ZBAWICIELU, KTÓRY MIAŁ NADEJŚĆ.
TO DZIECIĘ OCALI JERUZALEM!

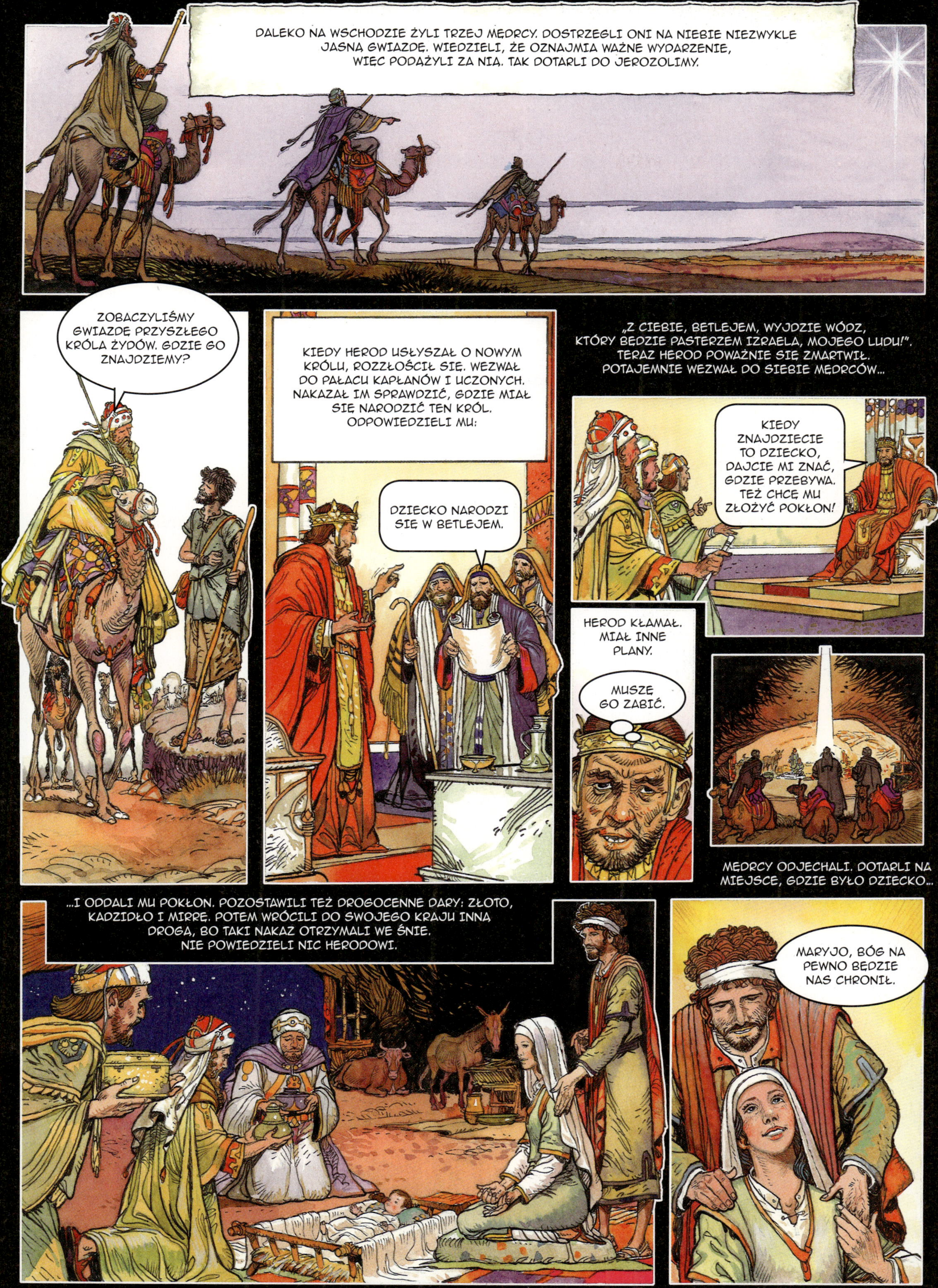

DALEKO NA WSCHODZIE ŻYLI TRZEJ MĘDRCY. DOSTRZEGLI ONI NA NIEBIE NIEZWYKLE JASNĄ GWIAZDĘ. WIEDZIELI, ŻE OZNAJMIA WAŻNE WYDARZENIE, WIĘC PODĄŻYLI ZA NIĄ. TAK DOTARLI DO JEROZOLIMY.
ZOBACZYLIŚMY GWIAZDĘ PRZYSZŁEGO KRÓLA ŻYDÓW. GDZIE GO ZNAJDZIEMY?
KIEDY HEROD USŁYSZAŁ O NOWYM KRÓLU, ROZZŁOŚCIŁ SIĘ. WEZWAŁ DO PAŁACU KAPŁANÓW I UCZONYCH. NAKAZAŁ IM SPRAWDZIĆ, GDZIE MIAŁ SIĘ NARODZIĆ TEN KRÓL. ODPOWIEDZIELI MU:
DZIECKO NARODZI SIĘ W BETLEJEM.
„Z CIEBIE, BETLEJEM, WYJDZIE WÓDZ, KTÓRY BĘDZIE PASTERZEM IZRAELA, MOJEGO LUDU!". TERAZ HEROD POWAŻNIE SIĘ ZMARTWIŁ. POTAJEMNIE WEZWAŁ DO SIEBIE MĘDRCÓW...
KIEDY ZNAJDZIECIE TO DZIECKO, DAJCIE MI ZNAĆ, GDZIE PRZEBYWA. TEŻ CHCĘ MU ZŁOŻYĆ POKŁON!
HEROD KŁAMAŁ. MIAŁ INNE PLANY.
MUSZĘ GO ZABIĆ.
MĘDRCY ODJECHALI. DOTARLI NA MIEJSCE, GDZIE BYŁO DZIECKO...
...I ODDALI MU POKŁON. POZOSTAWILI TEŻ DROGOCENNE DARY: ZŁOTO, KADZIDŁO I MIRRĘ. POTEM WRÓCILI DO SWOJEGO KRAJU INNĄ DROGĄ, BO TAKI NAKAZ OTRZYMALI WE ŚNIE. NIE POWIEDZIELI NIC HERODOWI.
MARYJO, BÓG NA PEWNO BĘDZIE NAS CHRONIŁ.

TEJ NOCY JÓZEF MIAŁ SEN. WE ŚNIE PRZEMÓWIŁ DO NIEGO ANIOŁ:
JÓZEFIE, ZBUDŹ SIĘ! HEROD CHCE ZABIĆ DZIECKO. MUSICIE UCIE-KAĆ DO EGIPTU.
MARYJO, PRZYGOTUJ SIĘ! ANIOŁ KAZAŁ NAM UCIEKAĆ.
O WSCHODZIE SŁOŃCA BYLI JUŻ W DRODZE DO EGIPTU.
KIEDY HEROD ZROZUMIAŁ, ŻE MĘDRCY GO OSZUKALI, WPADŁ W ZŁOŚĆ.
IDŹCIE DO BETLEJEM I ZABIJCIE KAŻDEGO CHŁOPCA PONIŻEJ DWÓCH LAT!
ŻOŁNIERZE WYPEŁNILI ROZKAZ KRÓLA...
PANIE, WSZYSCY CHŁOPCY PONI-ŻEJ DWÓCH LAT NIE ŻYJĄ.
TYMCZASEM JEZUS I JEGO RODZICE DOTARLI BEZPIECZNIE DO EGIPTU.
POZOSTALI TAM DO CZASU ...
CHCIAŁABYM JUŻ BYĆ W DOMU.
...AŻ ANIOŁ POZWOLIŁ IM WRÓCIĆ DO DOMU.
HEROD UMARŁ, A NA TRON WSTĄPIŁ JEGO SYN, KTÓRY BYŁ JESZCZE GORSZY OD OJCA.
JESTEM NAJWSPANIALSZYM KRÓLEM W HISTORII IZRAELA. ZAPISZ TO!
PO DŁUGIEJ PODRÓŻY...
NARESZCIE W DOMU!
W NAZARECIE RODZINĘ JÓZEFA WITANO Z RADOŚCIĄ.
JEZUS PODRÓSŁ I MÓGŁ POMAGAĆ JÓZEFOWI W JEGO WARSZTACIE. BYŁ MĄDRYM I DOBRYM MŁODZIEŃCEM.

ODNALEZIENIE JEZUSA W ŚWIĄTYNI ŁK 2, 41-52

KIEDY JEZUS SKOŃCZYŁ TRZYDZIEŚCI LAT, JEGO KUZYN JAN ZACZĄŁ NAUCZAĆ NAD BRZEGIEM JORDANU. WZYWAŁ LUDZI, ABY NAWRACALI SIĘ ZE ZŁEGO POSTĘPOWANIA, WYZNAWALI SWOJE GRZECHY I NA ZNAK PRZEMIANY, PRZYJMOWALI CHRZEST. MISJĘ JANA ZAPOWIEDZIAŁ JUŻ PROROK IZAJASZ: „GŁOS, KTÓRY WOŁA NA PUSTYNI: PRZYGOTUJCIE DROGĘ PANA!".
OKAŻCIE ŻAL ZA WASZE ZŁE CZYNY! NIE MYŚLCIE, ŻE JESTE-ŚCIE BEZPIECZNI, BO JESTEŚCIE ŻYDAMI.
TYMCZASEM W NAZARECIE JEZUS PRACOWAŁ W WARSZTACIE STOLARSKIM OJCA.
WSZYSCY MÓWIĄ O JANIE. NAUCZA, ŻE KRÓLESTWO BOŻE JEST JUŻ BLISKO.
CHOCIAŻ OD WIEKÓW MÓWIONO O NADEJŚCIU KRÓLESTWA, TO NIKT NIE ROBIŁ TEGO TAK PRZEKONUJĄCO JAK JAN.
MAMO, MUSZĘ IŚĆ I ZOBACZYĆ SIĘ Z JANEM. ALE WRÓCĘ.
JAN CHRZCIŁ LUDZI W WODZIE RZEKI JORDAN.
ODMIEŃCIE SERCA! I UDOWODNIJCIE TO WASZYM ŻYCIEM! KAŻDE DRZEWO, KTÓRE NIE WYDA DOBREGO OWOCU, ZOSTANIE WYCIĘTE.
CO WIĘC MAMY ROBIĆ?
DZIELCIE SIĘ TYM, CO MACIE, Z TYMI, KTÓ-RYM BRAKUJE!
NIE OSZUKUJ-CIE!
ZADOWALAJCIE SIĘ SWOJĄ ZAPŁATĄ I NICZEGO NIE WYMUSZAJCIE NIEUCZCIWIE NA INNYCH!
A CO Z NAMI?
CZY TY JESTEŚ MESJASZEM?
JA CHRZCZĘ WAS WODĄ, ALE NADCHODZI KTOŚ, KTO JEST POTĘŻNIEJSZY ODE MNIE.
ON BĘDZIE WAS CHRZCIŁ DUCHEM ŚWIĘTYM.

JEZUS!
JANIE.
CO TUTAJ ROBISZ?
OCHRZCIJ MNIE, JANIE!
JA MAM OCHRZCIĆ CIEBIE? TO TY POWINIENEŚ MNIE OCHRZCIĆ!
TAK MUSI BYĆ. UDZIEL MI CHRZTU, JANIE!
KIEDY JEZUS WYSZEDŁ Z WODY, DUCH ŚWIĘTY ZSTĄPIŁ NA NIEGO JAKBY GOŁĘBICA, A Z NIEBA ROZLEGŁ SIĘ GŁOS:
„TO JEST MÓJ SYN, KTÓREGO BARDZO KOCHAM".
PO PRZYJĘCIU CHRZTU JEZUS PRZYSŁUCHIWAŁ SIĘ PRZEZ JAKIŚ CZAS JANOWI. PRZYSZŁA GRUPA FARYZEUSZÓW, KTÓRZY CHCIELI WYBADAĆ, KIM JEST TEN DZIWNY CZŁOWIEK.
ZA KOGO SIĘ UWAŻASZ? ZA MESJASZA?
A MOŻE ZA ELIASZA?
NIE.
JESTEM GŁOSEM, KTÓRY WOŁA NA PUSTYNI: „PRZYGOTUJCIE DROGĘ DLA PANA".
SKORO NIE JESTEŚ ANI MESJASZEM, ANI ELIASZEM, TO KTO DAŁ CI PRAWO CHRZCIĆ LUDZI?
WIECIE, KIM JESTEM. JA CHRZCZĘ TYLKO WODĄ. JEDNAK WŚRÓD WAS JEST KTOŚ, KOGO WY NIE ZNACIE. JA NAWET NIE JESTEM GODNY, ŻEBY MU BUTY WIĄZAĆ.
OTO BARANEK BOŻY, KTÓRY GŁADZI GRZECHY ŚWIATA.
TO BEZ SENSU! MUSIMY MIEĆ ICH NA OKU, ŻEBY NIE SIALI ZAMĘTU.

DZIAŁALNOŚĆ JEZUSA

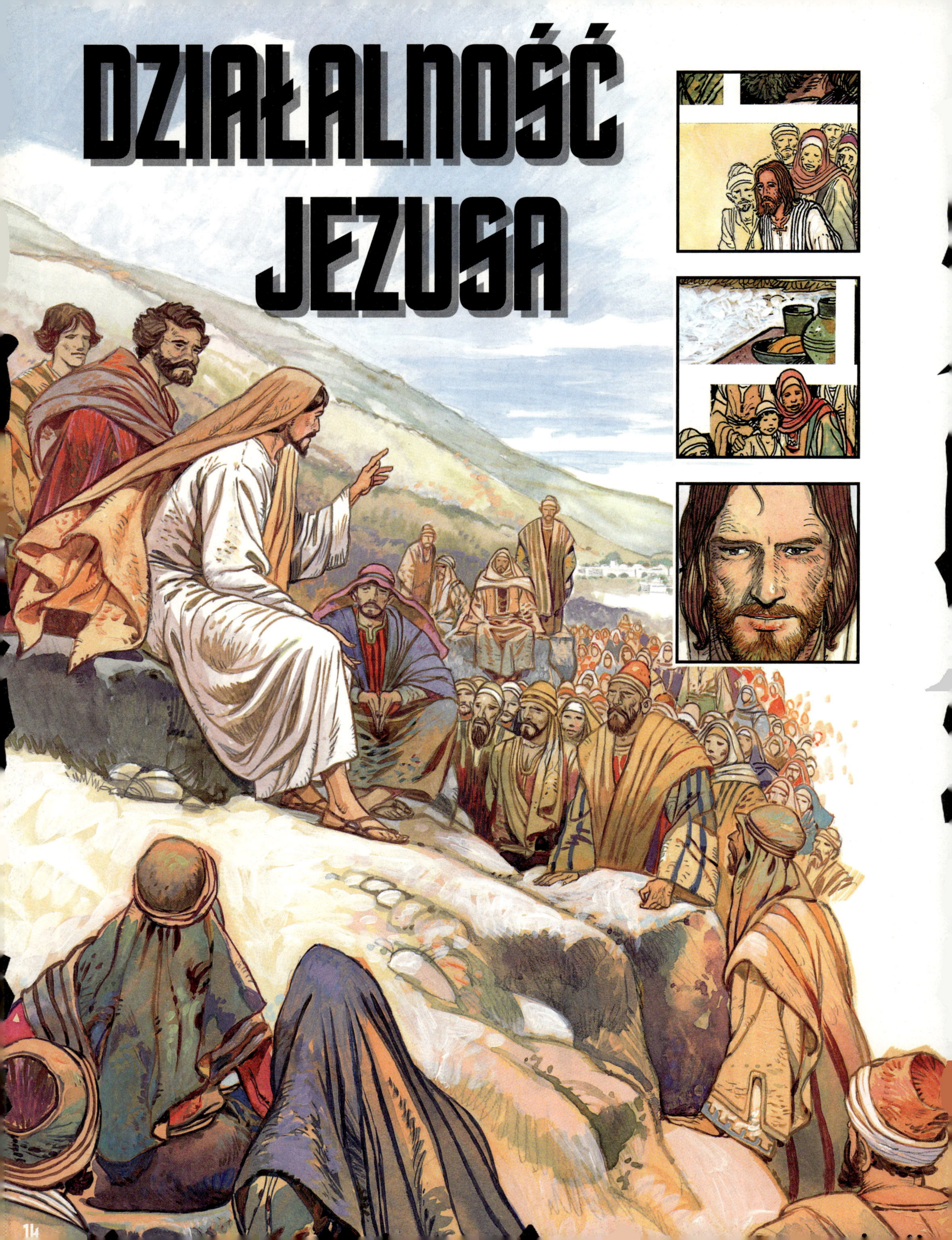

PO PRZYJĘCIU CHRZTU PRZEZ JEZUSA DUCH BOŻY WYPROWADZIŁ GO NA PUSTYNIĘ, ABY PODDAĆ GO PRÓBIE. PRZEZ 40 DNI I NOCY NIC NIE JADŁ I ZACZĄŁ ODCZUWAĆ OGROMNY GŁÓD. WTEDY POJAWIŁ SIĘ SZATAN, ABY GO KUSIĆ...
JEŚLI JESTEŚ SYNEM BOŻYM, ROZKAŻ TYM KAMIENIOM, ABY STAŁY SIĘ CHLEBEM!
NIE, BÓG MÓWI, ŻE WYPEŁNIANIE JEGO SŁOWA JEST WAŻNIEJSZE OD JEDZENIA.
WTEDY SZATAN POSTAWIŁ GO NA SZCZYCIE ŚWIĄTYNI...
RZUĆ SIĘ W DÓŁ. BÓG OBIECAŁ, ŻE CIĘ URATUJE.
MÓWI TEŻ: „NIE WYSTAWIAJ MNIE NA PRÓBĘ!".
WTEDY SZATAN POSTAWIŁ GO NA WYSOKIEJ GÓRZE...
DAM CI WSZYSTKIE KRÓLESTWA ŚWIATA, JEŚLI ODDASZ MI HOŁD!
IDŹ PRECZ, SZATANIE! NAPISANO, ŻE TYLKO BOGU NALEŻY ODDAWAĆ CZEŚĆ.
WTEDY SZATAN ZOSTAWIŁ GO, A POJAWILI SIĘ ANIOŁOWIE, ABY MU SŁUŻYĆ.
CZAS RUSZAĆ.
TY PEWNIE MASZ NA IMIĘ ANDRZEJ. WIDZIAŁEM CIĘ Z JANEM. POWIEDZ, GDZIE GO ZNAJDĘ?
ANDRZEJ BYŁ UCZNIEM JANA CHRZCICIELA. MIAŁ ZŁE WIEŚCI: JAN ZOSTAŁ UWIĘZIONY PRZEZ HERODA.
ANDRZEJ ODSZUKAŁ INNYCH UCZNIÓW JANA...
CZY JAN NIE POWIEDZIAŁ NAM, ŻE JEZUS JEST BARANKIEM BOŻYM, KTÓRY GŁADZI GRZECHY ŚWIATA?
I CZY NIE POWIEDZIAŁ, ŻE JEZUS JEST POTĘŻNIEJSZY OD NIEGO?
DOWIEDZMY SIĘ WIĘC, KIM ON JEST.
KIEDY GO ZNALEŹLI...
CHODŹCIE ZA MNĄ!
CHCEMY IŚĆ ZA TOBĄ.
PRZYJA-CIELE, CZE-GO SZUKA-CIE?
GDZIE MIESZKASZ?
SAMI ZOBACZ-CIE!
POCHODZĘ Z GALILEI, JAK WIELU Z WAS. WYCHOWAŁEM SIĘ W NAZARECIE.
MY JESTEŚMY Z BETSAIDY.
CHODŹ ZA MNĄ, FILIPIE!

WIEŚĆ O JEZUSIE SZYBKO SIĘ ROZESZŁA. CORAZ WIĘCEJ LUDZI O NIM USŁYSZAŁO.
NATANAELU, ZNALEŹLIŚMY PROROKA, JEZUSA Z NAZARETU!
CZY MOŻE BYĆ COŚ DOBREGO Z NAZARETU?
JESTEŚ BEZ WĄTPIENIA UCZCIWYM CZŁOWIEKIEM, NATANAELU.
SKĄD MNIE ZNASZ?
WIDZIAŁEM CIĘ POD DRZEWEM FIGOWYM.
PANIE, TY JESTEŚ SYNEM BOŻYM!
UJRZYSZ JESZCZE WIĘKSZE RZECZY.
JEZUS I GRUPKA JEGO UCZNIÓW WĘDROWALI PO GALILEI. SZLI OD MIASTA DO MIASTA. JEZUS GŁOSIŁ DOBRĄ NOWINĘ O KRÓLESTWIE BOŻYM, LECZYŁ CHORYCH I POMAGAŁ LUDZIOM CIERPIĄCYM. WIEŚĆ O NIM ROZESZŁA SIĘ NAWET POZA GRANICAMI IZRAELA.
ANDRZEJU, NAPRAWDĘ SĄDZISZ, ŻE JEZUS JEST MESJASZEM?
NIGDY NIE SŁYSZAŁEM TAKIEGO NAUCZYCIELA.
JA TO WIEM, PIOTRZE. ON NIM JEST!
SZYMONIE, ODPŁYŃ NIECO OD BRZEGU!
JEZUS PRZEMAWIAŁ DO TŁUMU Z ŁODZI. WTEDY...
SZYMONIE, ZARZUĆ SIECI NA POŁÓW!
DOBRZE, MISTRZU, ALE MĘCZYLIŚMY SIĘ CAŁĄ NOC I NIC NIE ZŁOWILIŚMY.
PIOTR NIE CHCIAŁ WYJŚĆ NA NIEDOJDĘ.
SPRÓBUJ JESZCZE RAZ!
SKORO TAK MÓWISZ.
SIECI BYŁY TAK PEŁNE, ŻE ZACZĘŁY SIĘ RWAĆ.
POMÓŻCIE NAM!
PANIE, ODEJDŹ ODE MNIE. JESTEM ZBYT GRZESZNY, BY STAĆ PRZY TOBIE.
NIE BÓJ SIĘ, SZYMONIE PIOTRZE. ODTĄD BĘDZIESZ ŁOWIŁ LUDZI.
GDY TYLKO PIOTR I JEGO TOWARZYSZE PRZYBILI DO BRZEGU, ZOSTAWILI WSZYSTKO I POSZLI ZA JEZUSEM.

KILKA DNI PÓŹNIEJ JEZUSA I JEGO UCZNIÓW ZAPROSZONO NA WESELE DO KANY GALILEJSKIEJ. BYŁA TAM RÓWNIEŻ MARYJA.
UROCZYSTOŚCI WESELNE TRWAŁY ZAZWYCZAJ SIEDEM DNI, PODCZAS KTÓRYCH GOŚCIE JEDLI, PILI WINO I BAWILI SIĘ. POJAWIŁ SIĘ JEDNAK PEWIEN PROBLEM...
SKOŃCZYŁO SIĘ NAM WINO!
NIE MAJĄ JUŻ WINA. MOŻE TO CZAS, ABY ZADZIAŁAŁ JEZUS?
SYNU, NIE MAJĄ JUŻ WINA.
MÓGŁBYŚ IM POMÓC?
DLACZEGO MI TO MÓWISZ? MÓJ CZAS JESZCZE NIE NADSZEDŁ.
MARYJA POSZŁA DO SŁUŻĄCYCH...
ZRÓBCIE WSZYSTKO, CO WAM POWIE.
NAPEŁNIJCIE NACZYNIA WODĄ.
ZACZERPNIJCIE Z NICH I ZANIEŚCIE STAROŚCIE WESELNEMU.
STAROSTA NIE MIAŁ POJĘCIA, SKĄD WZIĘŁO SIĘ TO WINO.
TO JEST DOBRE WINO, BARDZO DOBRE!
STAROSTA PODSZEDŁ DO PANA MŁODEGO...
DLACZEGO WCZEŚNIEJ NIE PODANO TEGO WYŚMIENITEGO WINA?
BYŁ TO PIERWSZY CUD, JAKI UCZYNIŁ JEZUS. POKAZAŁ SWOJĄ MOC I JEGO UCZNIOWIE UWIERZYLI W NIEGO.

POTEM JEZUS Z MARYJĄ, SWOIMI BLISKIMI I UCZNIAMI ZATRZYMALI SIĘ NA KILKA DNI W KAFARNAUM.
WKRÓTCE UDAŁ SIĘ Z UCZNIAMI DO JEROZOLIMY NA ŚWIĘTO PASCHY.
JEZUS ZOBACZYŁ, ŻE NA DZIEDZIŃCU ŚWIĄTYNI TŁOCZĄ SIĘ SPRZEDAWCY ORAZ WYMIENIAJĄCY PIENIĄDZE.
JAK MOGĄ ROBIĆ TO W ŚWIĄTYNI?
WYNOŚCIE SIĘ STĄD!
ZAMIENILIŚCIE DOM MOJEGO OJCA W TARGOWISKO!
JAK ON ŚMIE?!
JEŚLI BÓG DAŁ CI DO TEGO PRAWO, POTWIERDŹ TO CUDEM!
ZBURZCIE TĘ ŚWIĄTYNIĘ, A JA W CIĄGU TRZECH DNI JĄ ODBUDUJĘ.
CIEKAWE. BUDOWANO JĄ 46 LAT, A TY CHCIAŁBYŚ JĄ WZNIEŚĆ W CIĄGU TRZECH DNI?
NIE ROZUMIELI, ŻE JEZUS MÓWIŁ O ŚWIĄTYNI SWOJEGO CIAŁA.
MUSZĘ SIĘ Z NIM SPOTKAĆ.
NIKODEM BYŁ FARYZEUSZEM I WAŻNYM PRZYWÓDCĄ ŻYDOWSKIM. POSTANOWIŁ SPOTKAĆ SIĘ Z JEZUSEM W NOCY. PODOBNIE JAK JEZUS CENIŁ PRAWDĘ I CZUŁ, ŻE ON MA RACJĘ.
NAUCZYCIE-LU, CZY MOGĘ Z TOBĄ POROZ-MAWIAĆ?
WSZYSCY WIEMY, ŻE PRZYBYŁEŚ OD BOGA, ABY NAS UCZYĆ...

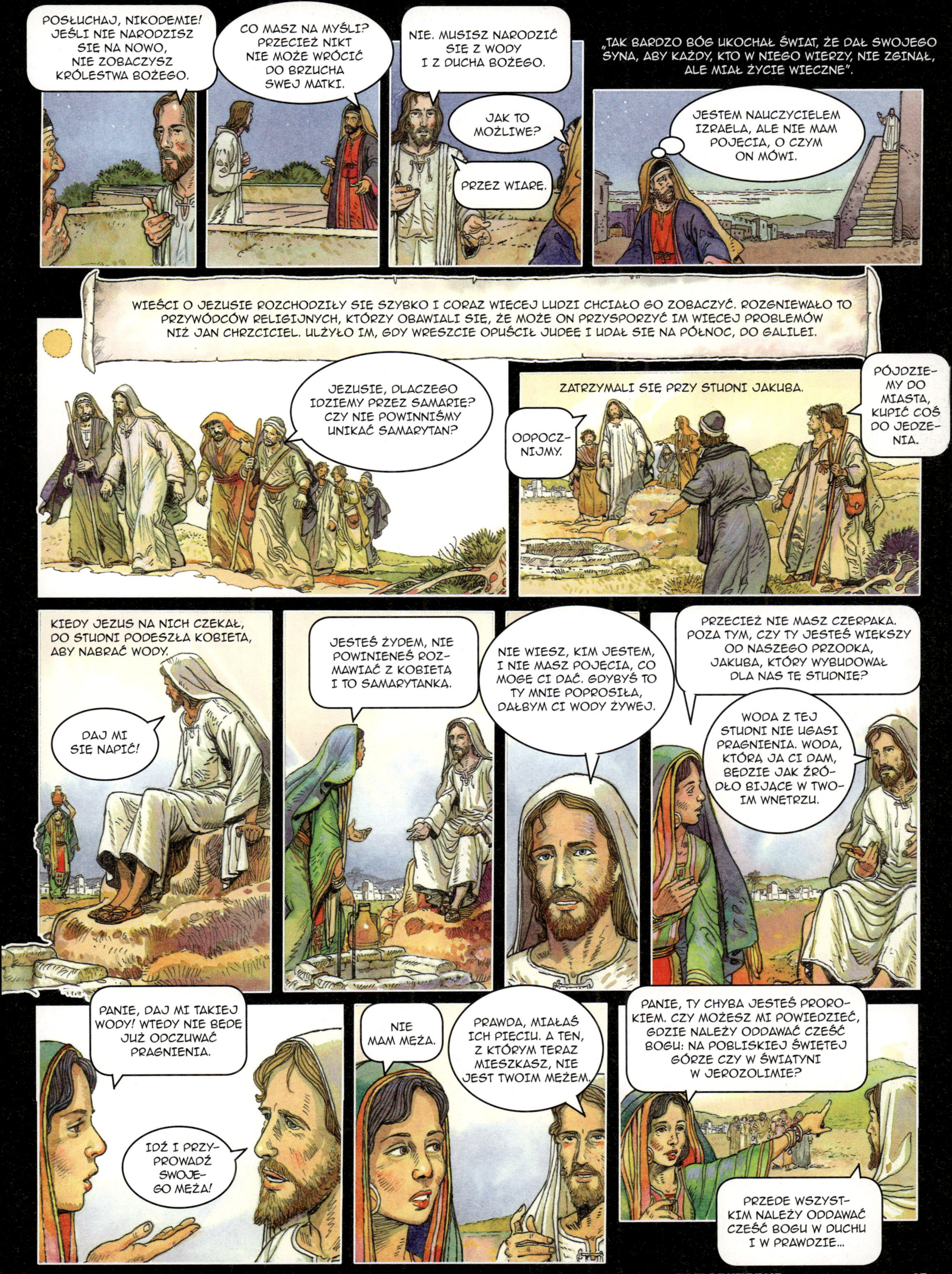
POSŁUCHAJ, NIKODEMIE! JEŚLI NIE NARODZISZ SIĘ NA NOWO, NIE ZOBACZYSZ KRÓLESTWA BOŻEGO.
CO MASZ NA MYŚLI? PRZECIEŻ NIKT NIE MOŻE WRÓCIĆ DO BRZUCHA SWEJ MATKI.
NIE. MUSISZ NARODZIĆ SIĘ Z WODY I Z DUCHA BOŻEGO.
JAK TO MOŻLIWE?
PRZEZ WIARĘ.
„TAK BARDZO BÓG UKOCHAŁ ŚWIAT, ŻE DAŁ SWOJEGO SYNA, ABY KAŻDY, KTO W NIEGO WIERZY, NIE ZGINĄŁ, ALE MIAŁ ŻYCIE WIECZNE".
JESTEM NAUCZYCIELEM IZRAELA, ALE NIE MAM POJĘCIA, O CZYM ON MÓWI.
WIEŚCI O JEZUSIE ROZCHODZIŁY SIĘ SZYBKO I CORAZ WIĘCEJ LUDZI CHCIAŁO GO ZOBACZYĆ. ROZGNIEWAŁO TO PRZYWÓDCÓW RELIGIJNYCH, KTÓRZY OBAWIALI SIĘ, ŻE MOŻE ON PRZYSPORZYĆ IM WIĘCEJ PROBLEMÓW NIŻ JAN CHRZCICIEL. ULŻYŁO IM, GDY WRESZCIE OPUŚCIŁ JUDEĘ I UDAŁ SIĘ NA PÓŁNOC, DO GALILEI.
JEZUSIE, DLACZEGO IDZIEMY PRZEZ SAMARIĘ? CZY NIE POWINNIŚMY UNIKAĆ SAMARYTAN?
ZATRZYMALI SIĘ PRZY STUDNI JAKUBA.
ODPOCZNIJMY.
PÓJDZIEMY DO MIASTA, KUPIĆ COŚ DO JEDZENIA.
KIEDY JEZUS NA NICH CZEKAŁ, DO STUDNI PODESZŁA KOBIETA, ABY NABRAĆ WODY.
DAJ MI SIĘ NAPIĆ!
JESTEŚ ŻYDEM, NIE POWINIENEŚ ROZMAWIAĆ Z KOBIETĄ I TO SAMARYTANKĄ.
NIE WIESZ, KIM JESTEM, I NIE MASZ POJĘCIA, CO MOGĘ CI DAĆ. GDYBYŚ TO TY MNIE POPROSIŁA, DAŁBYM CI WODY ŻYWEJ.
PRZECIEŻ NIE MASZ CZERPAKA. POZA TYM, CZY TY JESTEŚ WIĘKSZY OD NASZEGO PRZODKA, JAKUBA, KTÓRY WYBUDOWAŁ DLA NAS TĘ STUDNIĘ?
WODA Z TEJ STUDNI NIE UGASI PRAGNIENIA. WODA, KTÓRĄ JA CI DAM, BĘDZIE JAK ŹRÓDŁO BIJĄCE W TWOIM WNĘTRZU.
PANIE, DAJ MI TAKIEJ WODY! WTEDY NIE BĘDĘ JUŻ ODCZUWAĆ PRAGNIENIA.
IDŹ I PRZYPROWADŹ SWOJEGO MĘŻA!
NIE MAM MĘŻA.
PRAWDA, MIAŁAŚ ICH PIĘCIU. A TEN, Z KTÓRYM TERAZ MIESZKASZ, NIE JEST TWOIM MĘŻEM.
PANIE, TY CHYBA JESTEŚ PROROKIEM. CZY MOŻESZ MI POWIEDZIEĆ, GDZIE NALEŻY ODDAWAĆ CZEŚĆ BOGU: NA POBLISKIEJ ŚWIĘTEJ GÓRZE CZY W ŚWIĄTYNI W JEROZOLIMIE?
PRZEDE WSZYSTKIM NALEŻY ODDAWAĆ CZEŚĆ BOGU W DUCHU I W PRAWDZIE...

...WTEDY NIE MA ZNACZENIA, GDZIE SIĘ TO ROBI. OJCIEC CHCE MIEĆ ODDANYCH CZCICIELI.
HM... KIEDY PRZYJDZIE MESJASZ, WSZYSTKO NAM WYJAŚNI.
TO JA JESTEM MESJASZEM.
WŁAŚNIE WTEDY WRÓCILI UCZNIOWIE...
MISTRZU, MAMY JEDZENIE!
A JA MAM POKARM, O KTÓRYM WY NIE WIECIE.
TYMCZASEM KOBIETA WRÓCIŁA DO MIASTA. KIEDY OPOWIEDZIAŁA O JEZUSIE, WIELU UWIERZYŁO W NIEGO. JEZUS ZOSTAŁ U NICH PRZEZ DWA DNI.
JEZUS I UCZNIOWIE UDALI SIĘ W DALSZĄ DROGĘ. PRZYBYLI DO JEGO RODZINNEGO MIASTA, NAZARETU. W SZABAT JEZUS UDAŁ SIĘ DO SYNAGOGI...
RABINI PRZYWITALI GO I WSKAZALI MU MIEJSCE.
WRĘCZYLI MU ZWÓJ Z KSIĘGĄ IZAJASZA, ABY PRZECZYTAŁ FRAGMENT. ZNALAZŁ MIEJSCE, GDZIE NAPISANO:
„DUCH PANA NADE MNĄ, BO MNIE NAMAŚCIŁ, ABYM UBOGIM GŁOSIŁ DOBRĄ NOWINĘ. POSŁAŁ MNIE, ABYM OGŁOSIŁ WIĘŹNIOM WYZWOLENIE, A NIEWIDOMYM PRZEJRZENIE, ABYM OGŁOSIŁ ROK ŁASKI OD PANA”.
POTEM USIADŁ I POWIEDZIAŁ:
DZIŚ WYPEŁNIŁO SIĘ TO, CO PRZECZYTAŁEM.
NAJPIERW WSZYSCY SIĘ Z NIM ZGODZILI. KIEDY JEDNAK DOTARŁO DO NICH, ŻE MÓWIŁ O SOBIE, WPADLI W ZŁOŚĆ.
CZY TO NIE JEST SYN JÓZEFA, CIEŚLI?
ZA KOGO SIĘ UWAŻASZ?
WYNOŚ SIĘ STĄD!
ŻADEN PROROK NIE JEST MILE WIDZIANY W SWOIM KRAJU.

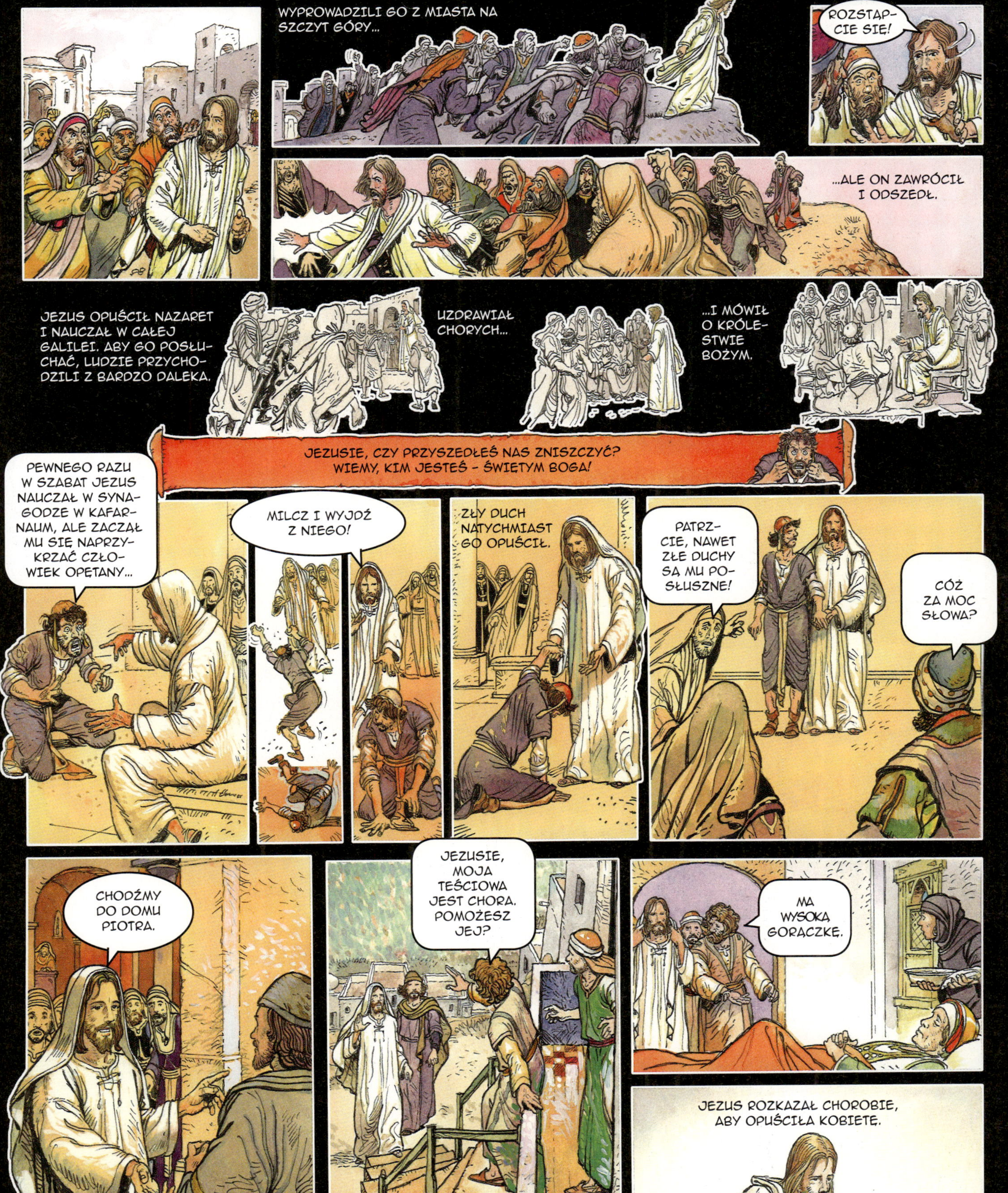
WYPROWADZILI GO Z MIASTA NA SZCZYT GÓRY...
ROZSTĄP-CIE SIĘ!
...ALE ON ZAWRÓCIŁ I ODSZEDŁ.
JEZUS OPUŚCIŁ NAZARET I NAUCZAŁ W CAŁEJ GALILEI. ABY GO POSŁU-CHAĆ, LUDZIE PRZYCHO-DZILI Z BARDZO DALEKA.
UZDRAWIAŁ CHORYCH...
...I MÓWIŁ O KRÓLE-STWIE BOŻYM.
JEZUSIE, CZY PRZYSZEDŁEŚ NAS ZNISZCZYĆ? WIEMY, KIM JESTEŚ – ŚWIĘTYM BOGA!
PEWNEGO RAZU W SZABAT JEZUS NAUCZAŁ W SYNA-GODZE W KAFAR-NAUM, ALE ZACZĄŁ MU SIĘ NAPRZY-KRZAĆ CZŁO-WIEK OPĘTANY...
MILCZ I WYJDŹ Z NIEGO!
ZŁY DUCH NATYCHMIAST GO OPUŚCIŁ.
PATRZ-CIE, NAWET ZŁE DUCHY SĄ MU PO-SŁUSZNE!
CÓŻ ZA MOC SŁOWA?
CHODŹMY DO DOMU PIOTRA.
JEZUSIE, MOJA TEŚCIOWA JEST CHORA. POMOŻESZ JEJ?
MA WYSOKĄ GORĄCZKĘ.
JEZUS ROZKAZAŁ CHOROBIE, ABY OPUŚCIŁA KOBIETĘ.

KOBIETA WSTAŁA ZDROWA I USŁUGIWAŁA IM.
TEGO WIECZORU WIELU LUDZI PRZYNOSIŁO DO JEZUSA CHORYCH PRZYJACIÓŁ I KREWNYCH. ON KŁADŁ NA NICH RĘCE I UZDRAWIAŁ. Z INNYCH WYPĘDZAŁ ZŁE DUCHY, KTÓRE KRZYCZAŁY: „LITOŚCI, JEZUSIE Z NAZARETU!".
JEZUS WSTAŁ O ŚWICIE I UDAŁ SIĘ NA ODLUDNE MIEJSCE.
OJCZE, TY I JA TO JEDNO.
W DRODZE POWROTNEJ SPOTKAŁ PIOTRA...
GDZIE BYŁEŚ? JEST TYLU POTRZEBUJĄCYCH. CHCĄ, ABYŚ Z NIMI ZOSTAŁ.
MUSZĘ GŁOSIĆ KRÓLESTWO BOŻE RÓWNIEŻ W INNYCH MIASTACH.
W KOLEJNYM MIEŚCIE SPOTKALI CZŁOWIEKA POKRYTEGO TRĄDEM...
UWAŻAJ, ON JEST NIECZYSTY! WYNOŚ SIĘ STĄD!
NIECH SIĘ NIE ZBLIŻA DO JEZUSA!
PANIE, JEŚLI CHCESZ, MOŻESZ MNIE UZDROWIĆ.
CHCĘ. BĄDŹ UZDROWIONY!
TRĄD NATYCHMIAST ZNIKNĄŁ.
PATRZCIE! MOJE RĘCE!
NIE OPOWIADAJ O TYM, ALE IDŹ DO KAPŁANA I POKAŻ, ŻE ZOSTAŁEŚ UZDROWIONY.
POTEM ZŁÓŻ BOGU OFIARĘ W ŚWIĄTYNI.

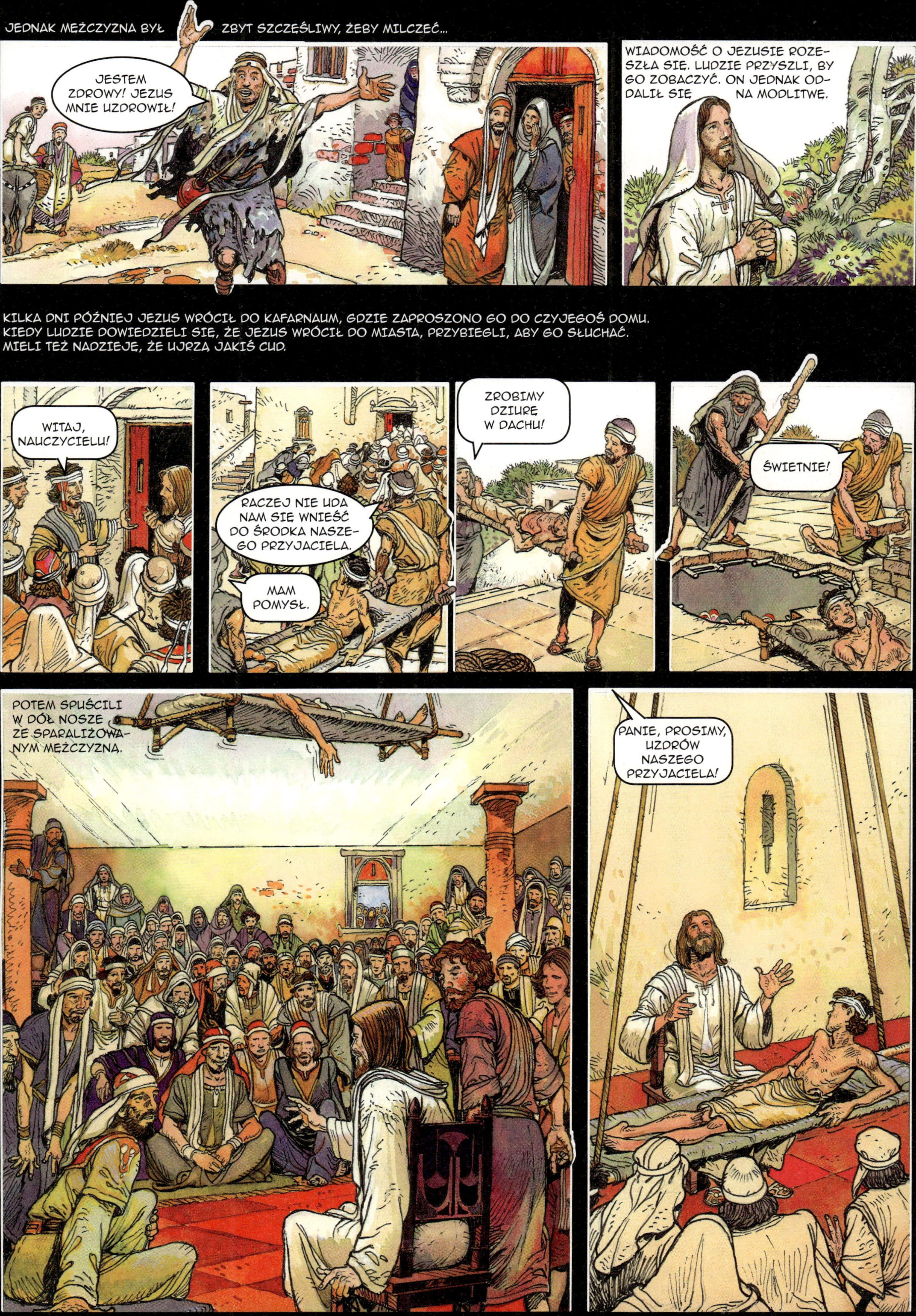
JEDNAK MĘŻCZYZNA BYŁ ZBYT SZCZĘŚLIWY, ŻEBY MILCZEĆ...
JESTEM ZDROWY! JEZUS MNIE UZDROWIŁ!
WIADOMOŚĆ O JEZUSIE ROZESZŁA SIĘ. LUDZIE PRZYSZLI, BY GO ZOBACZYĆ. ON JEDNAK ODDALIŁ SIĘ NA MODLITWĘ.
KILKA DNI PÓŹNIEJ JEZUS WRÓCIŁ DO KAFARNAUM, GDZIE ZAPROSZONO GO DO CZYJEGOŚ DOMU. KIEDY LUDZIE DOWIEDZIELI SIĘ, ŻE JEZUS WRÓCIŁ DO MIASTA, PRZYBIEGLI, ABY GO SŁUCHAĆ. MIELI TEŻ NADZIEJĘ, ŻE UJRZĄ JAKIŚ CUD.
WITAJ, NAUCZYCIELU!
RACZEJ NIE UDA NAM SIĘ WNIEŚĆ DO ŚRODKA NASZEGO PRZYJACIELA.
MAM POMYSŁ.
ZROBIMY DZIURĘ W DACHU!
ŚWIETNIE!
POTEM SPUŚCILI W DÓŁ NOSZE ZE SPARALIŻOWANYM MĘŻCZYZNĄ.
PANIE, PROSIMY, UZDRÓW NASZEGO PRZYJACIELA!

PRZYJACIELU, TWOJE GRZECHY ZOSTAŁY CI ODPUSZCZONE.
ZA KOGO ON SIĘ UWAŻA? TYLKO BÓG MOŻE ODPUSZCZAĆ GRZECHY.
JEDNAK JEZUS ZNAŁ MYŚLI FARYZEUSZÓW.
WOLICIE UJRZEĆ, JAK UZDRAWIAM JEGO CIAŁO, NIŻ UWIERZYĆ W ODPUSZCZENIE JEGO GRZECHÓW?
POWIEDZIAŁEM TO, ABYŚCIE ZOBACZYLI, ŻE SYN CZŁOWIECZY MA MOC ODPUSZCZANIA GRZECHÓW.
WEŹ SWOJE NOSZE I CHODŹ!
NIGDY NIE WIDZIELIŚMY CZEGOŚ TAKIEGO!
WTEDY SPARALIŻOWANY WZIĄŁ SWOJE NOSZE I POSZEDŁ.
CELNICY ZBIERALI PODATKI DLA RZYMIAN. Z TEGO POWODU BYLI POGARDZANI PRZEZ INNYCH ŻYDÓW. POZA TYM CZĘSTO KRADLI CZĘŚĆ PIENIĘDZY.
KIEDY JEZUS WĘDROWAŁ Z UCZNIAMI BRZEGIEM JEZIORA GALILEJSKIEGO, DOSTRZEGŁ CELNIKA, KTÓRY ZBIERAŁ PODATKI. MIAŁ NA IMIĘ MATEUSZ, PO HEBRAJSKU – LEWI.
LEWI, PÓJDŹ ZA MNĄ!
MATEUSZ NIE WAHAŁ SIĘ ANI CHWILI. WSTAŁ I POSZEDŁ ZA JEZUSEM.
MISTRZU!
ZAPRASZAM CIĘ DO SIEBIE NA KOLACJĘ.
EJ TY, WRACAJ! NIE MOŻESZ ZOSTAWIĆ SWOJEJ PRACY!

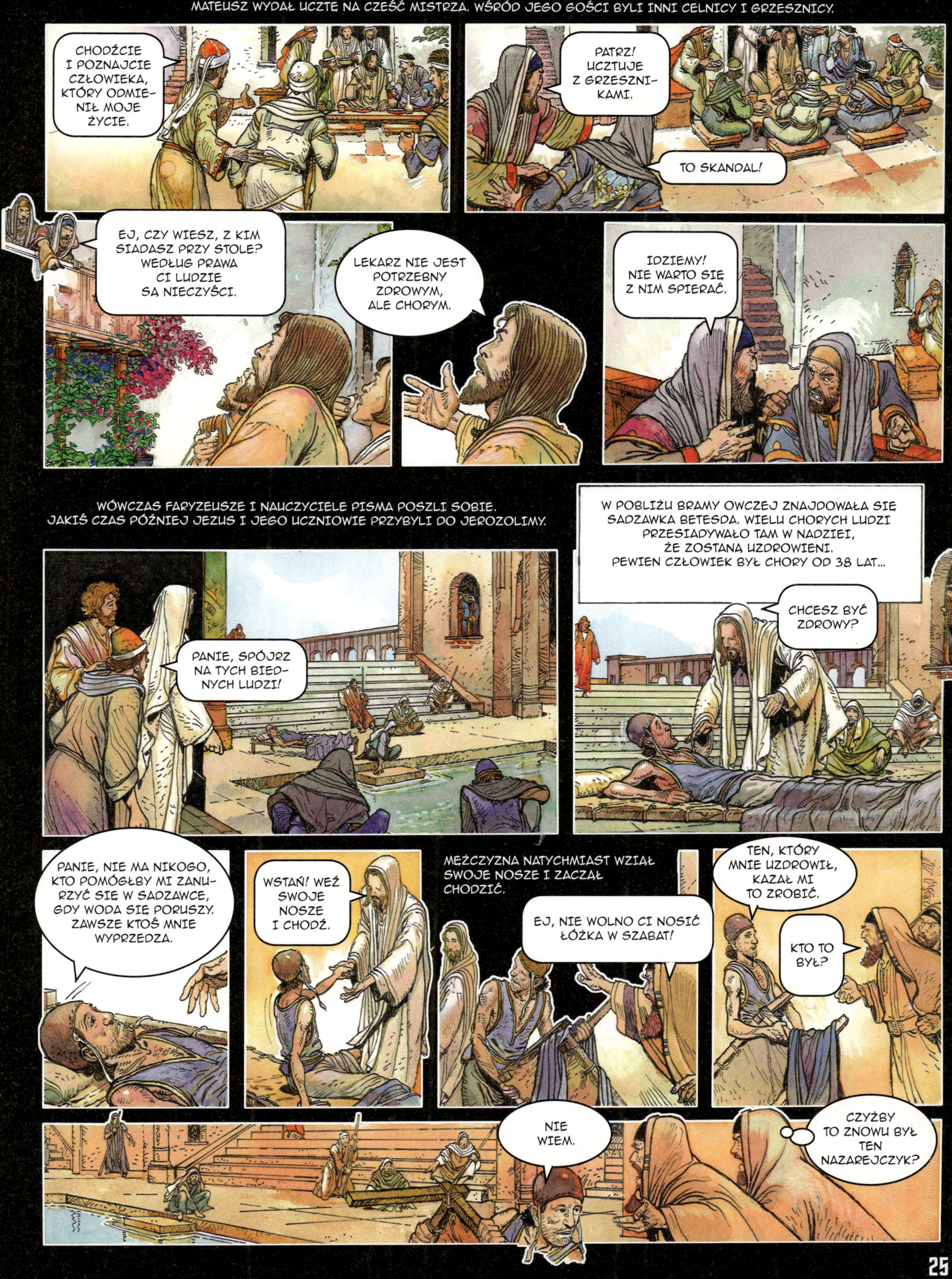

MATEUSZ WYDAŁ UCZTĘ NA CZEŚĆ MISTRZA. WŚRÓD JEGO GOŚCI BYLI INNI CELNICY I GRZESZNICY.
CHODŹCIE I POZNAJCIE CZŁOWIEKA, KTÓRY ODMIENIŁ MOJE ŻYCIE.
PATRZ! UCZTUJE Z GRZESZNIKAMI.
TO SKANDAL!
EJ, CZY WIESZ, Z KIM SIADASZ PRZY STOLE? WEDŁUG PRAWA CI LUDZIE SĄ NIECZYŚCI.
LEKARZ NIE JEST POTRZEBNY ZDROWYM, ALE CHORYM.
IDZIEMY! NIE WARTO SIĘ Z NIM SPIERAĆ.
WÓWCZAS FARYZEUSZE I NAUCZYCIELE PISMA POSZLI SOBIE. JAKIŚ CZAS PÓŹNIEJ JEZUS I JEGO UCZNIOWIE PRZYBYLI DO JEROZOLIMY.
PANIE, SPÓJRZ NA TYCH BIEDNYCH LUDZI!
W POBLIŻU BRAMY OWCZEJ ZNAJDOWAŁA SIĘ SADZAWKA BETESDA. WIELU CHORYCH LUDZI PRZESIADYWAŁO TAM W NADZIEI, ŻE ZOSTANĄ UZDROWIENI. PEWIEN CZŁOWIEK BYŁ CHORY OD 38 LAT...
CHCESZ BYĆ ZDROWY?
PANIE, NIE MA NIKOGO, KTO POMÓGŁBY MI ZANURZYĆ SIĘ W SADZAWCE, GDY WODA SIĘ PORUSZY. ZAWSZE KTOŚ MNIE WYPRZEDZA.
WSTAŃ! WEŹ SWOJE NOSZE I CHODŹ.
MĘŻCZYZNA NATYCHMIAST WZIĄŁ SWOJE NOSZE I ZACZĄŁ CHODZIĆ.
EJ, NIE WOLNO CI NOSIĆ ŁÓŻKA W SZABAT!
TEN, KTÓRY MNIE UZDROWIŁ, KAZAŁ MI TO ZROBIĆ.
KTO TO BYŁ?
NIE WIEM.
CZYŻBY TO ZNOWU BYŁ TEN NAZAREJCZYK?

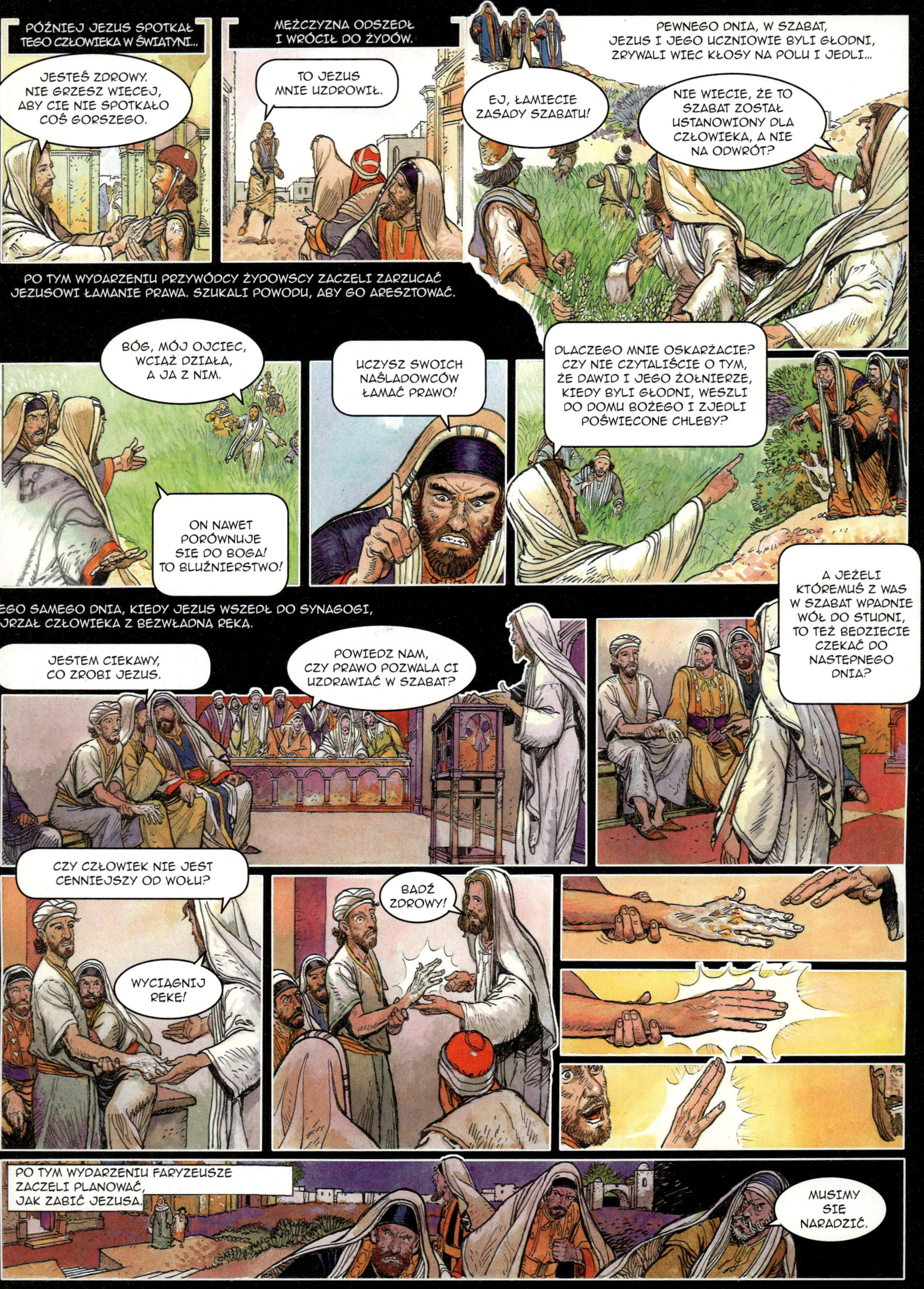
PÓŹNIEJ JEZUS SPOTKAŁ TEGO CZŁOWIEKA W ŚWIĄTYNI...
JESTEŚ ZDROWY. NIE GRZESZ WIĘCEJ, ABY CIĘ NIE SPOTKAŁO COŚ GORSZEGO.
MĘŻCZYZNA ODSZEDŁ I WRÓCIŁ DO ŻYDÓW.
TO JEZUS MNIE UZDROWIŁ.
PO TYM WYDARZENIU PRZYWÓDCY ŻYDOWSCY ZACZĘLI ZARZUCAĆ JEZUSOWI ŁAMANIE PRAWA. SZUKALI POWODU, ABY GO ARESZTOWAĆ.
PEWNEGO DNIA, W SZABAT, JEZUS I JEGO UCZNIOWIE BYLI GŁODNI, ZRYWALI WIĘC KŁOSY NA POLU I JEDLI...
EJ, ŁAMIECIE ZASADY SZABATU!
NIE WIECIE, ŻE TO SZABAT ZOSTAŁ USTANOWIONY DLA CZŁOWIEKA, A NIE NA ODWRÓT?
BÓG, MÓJ OJCIEC, WCIĄŻ DZIAŁA, A JA Z NIM.
ON NAWET PORÓWNUJE SIĘ DO BOGA! TO BLUŹNIERSTWO!
UCZYSZ SWOICH NAŚLADOWCÓW ŁAMAĆ PRAWO!
DLACZEGO MNIE OSKARŻACIE? CZY NIE CZYTALIŚCIE O TYM, ŻE DAWID I JEGO ŻOŁNIERZE, KIEDY BYLI GŁODNI, WESZLI DO DOMU BOŻEGO I ZJEDLI POŚWIĘCONE CHLEBY?
EGO SAMEGO DNIA, KIEDY JEZUS WSZEDŁ DO SYNAGOGI,
JRZAŁ CZŁOWIEKA Z BEZWŁADNĄ RĘKĄ.
JESTEM CIEKAWY, CO ZROBI JEZUS.
POWIEDZ NAM, CZY PRAWO POZWALA CI UZDRAWIAĆ W SZABAT?
A JEŻELI KTÓREMUŚ Z WAS W SZABAT WPADNIE WÓŁ DO STUDNI, TO TEŻ BĘDZIECIE CZEKAĆ DO NASTĘPNEGO DNIA?
CZY CZŁOWIEK NIE JEST CENNIEJSZY OD WOŁU?
WYCIĄGNIJ RĘKĘ!
BĄDŹ ZDROWY!
PO TYM WYDARZENIU FARYZEUSZE ZACZĘLI PLANOWAĆ, JAK ZABIĆ JEZUSA.
MUSIMY SIĘ NARADZIĆ.

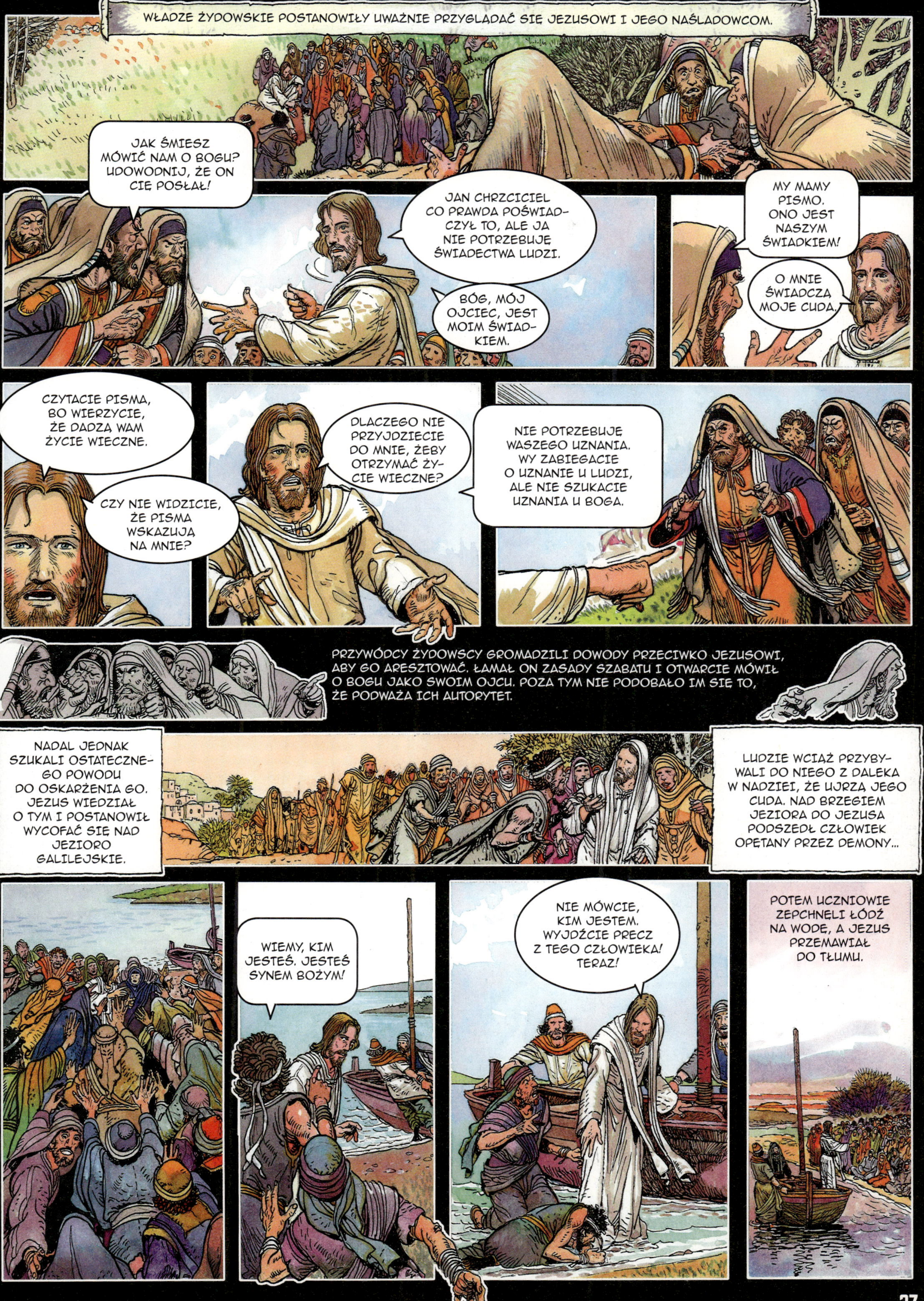
WŁADZE ŻYDOWSKIE POSTANOWIŁY UWAŻNIE PRZYGLĄDAĆ SIĘ JEZUSOWI I JEGO NAŚLADOWCOM.
JAK ŚMIESZ MÓWIĆ NAM O BOGU? UDOWODNIJ, ŻE ON CIĘ POSŁAŁ!
JAN CHRZCICIEL CO PRAWDA POŚWIADCZYŁ TO, ALE JA NIE POTRZEBUJĘ ŚWIADECTWA LUDZI.
BÓG, MÓJ OJCIEC, JEST MOIM ŚWIADKIEM.
MY MAMY PISMO. ONO JEST NASZYM ŚWIADKIEM!
O MNIE ŚWIADCZĄ MOJE CUDA.
CZYTACIE PISMA, BO WIERZYCIE, ŻE DADZĄ WAM ŻYCIE WIECZNE.
CZY NIE WIDZICIE, ŻE PISMA WSKAZUJĄ NA MNIE?
DLACZEGO NIE PRZYJDZIECIE DO MNIE, ŻEBY OTRZYMAĆ ŻYCIE WIECZNE?
NIE POTRZEBUJĘ WASZEGO UZNANIA. WY ZABIEGACIE O UZNANIE U LUDZI, ALE NIE SZUKACIE UZNANIA U BOGA.
PRZYWÓDCY ŻYDOWSCY GROMADZILI DOWODY PRZECIWKO JEZUSOWI, ABY GO ARESZTOWAĆ. ŁAMAŁ ON ZASADY SZABATU I OTWARCIE MÓWIŁ O BOGU JAKO SWOIM OJCU. POZA TYM NIE PODOBAŁO IM SIĘ TO, ŻE PODWAŻA ICH AUTORYTET.
NADAL JEDNAK SZUKALI OSTATECZNEGO POWODU DO OSKARŻENIA GO. JEZUS WIEDZIAŁ O TYM I POSTANOWIŁ WYCOFAĆ SIĘ NAD JEZIORO GALILEJSKIE.
LUDZIE WCIĄŻ PRZYBYWALI DO NIEGO Z DALEKA W NADZIEI, ŻE UJRZĄ JEGO CUDA. NAD BRZEGIEM JEZIORA DO JEZUSA PODSZEDŁ CZŁOWIEK OPĘTANY PRZEZ DEMONY...
WIEMY, KIM JESTEŚ. JESTEŚ SYNEM BOŻYM!
NIE MÓWCIE, KIM JESTEM. WYJDŹCIE PRECZ Z TEGO CZŁOWIEKA! TERAZ!
POTEM UCZNIOWIE ZEPCHNĘLI ŁÓDŹ NA WODĘ, A JEZUS PRZEMAWIAŁ DO TŁUMU.

TEGO WIECZORU JEZUS WSZEDŁ NA GÓRĘ I SPĘDZIŁ NOC NA MODLITWIE DO BOGA.
NASTĘPNEGO DNIA RANO ZEBRAŁ SWOICH UCZNIÓW.
POSŁUCHAJCIE, WYBRAŁEM DWU-NASTU SPOŚRÓD WAS NA SWO-ICH APOSTOŁÓW.
DAJĘ WAM WŁADZĘ NAUCZANIA I UZDRAWIANIA.
APOSTOŁAMI ZOSTALI...
SZYMON PIOTR
ANDRZEJ
JAKUB
JAN
FILIP
BARTŁOMIEJ
MATEUSZ
TOMASZ
DRUGI JAKUB
SZYMON GORLIWY
JUDA, SYN JAKUBA
JUDASZ ISKARIOTA
IDŹCIE DO ŻYDÓW, KTÓRZY SIĘ ZAGUBILI.
CO MAMY IM MÓWIĆ?
POWIEDZCIE IM, ŻE BLISKIE JEST KRÓLESTWO NIE-BIESKIE. UZDRA-WIAJCIE CHORYCH, WSKRZESZAJCIE UMARŁYCH I WYRZU-CAJCIE DEMONY.
ZA DARMO OTRZYMALIŚCIE, WIĘC TERAZ ZA DARMO ROZDAWAJCIE.
NIE BIERZCIE NIC ZE SOBĄ. TEN, KTO PRACUJE, MA PRAWO DO UTRZYMANIA.
GDZIEKOLWIEK SIĘ ZATRZYMACIE, BŁOGOSŁAWCIE TAMTEJSZYCH MIESZKAŃCÓW.
POSYŁAM WAS JAK OWCE MIĘDZY WILKI. BĄDŹCIE PRZE-ZORNI JAK WĘŻE I NIESKAZITELNI JAK GOŁĘBIE.
NIE BĘDZIE ŁATWO. BĘDĄ WAS STAWIAĆ PRZED SĄDAMI I CHŁOSTAĆ W SYNAGOGACH. BĘDĄ WAS OSKARŻAĆ PRZED WŁADZAMI ZE WZGLĘDU NA MNIE.
NIE MARTWCIE SIĘ JEDNAK O TO, JAK MACIE SIĘ BRONIĆ. WE WŁAŚCIWYM MOMENCIE BÓG DA WAM ODPOWIEDNIE SŁOWA.
ŻNIWO JEST WPRAWDZIE WIELKIE, ALE ROBOTNI-KÓW MAŁO. MÓDLCIE SIĘ I PROŚCIE PANA, ABY WYSŁAŁ WIĘCEJ ROBOTNIKÓW NA SWOJE ŻNIWO.
KIEDY JEZUS SKOŃCZYŁ UDZIELAĆ IM WSKAZÓWEK, WYRUSZYŁ NAUCZAĆ W INNYCH MIASTACH GALILEI.

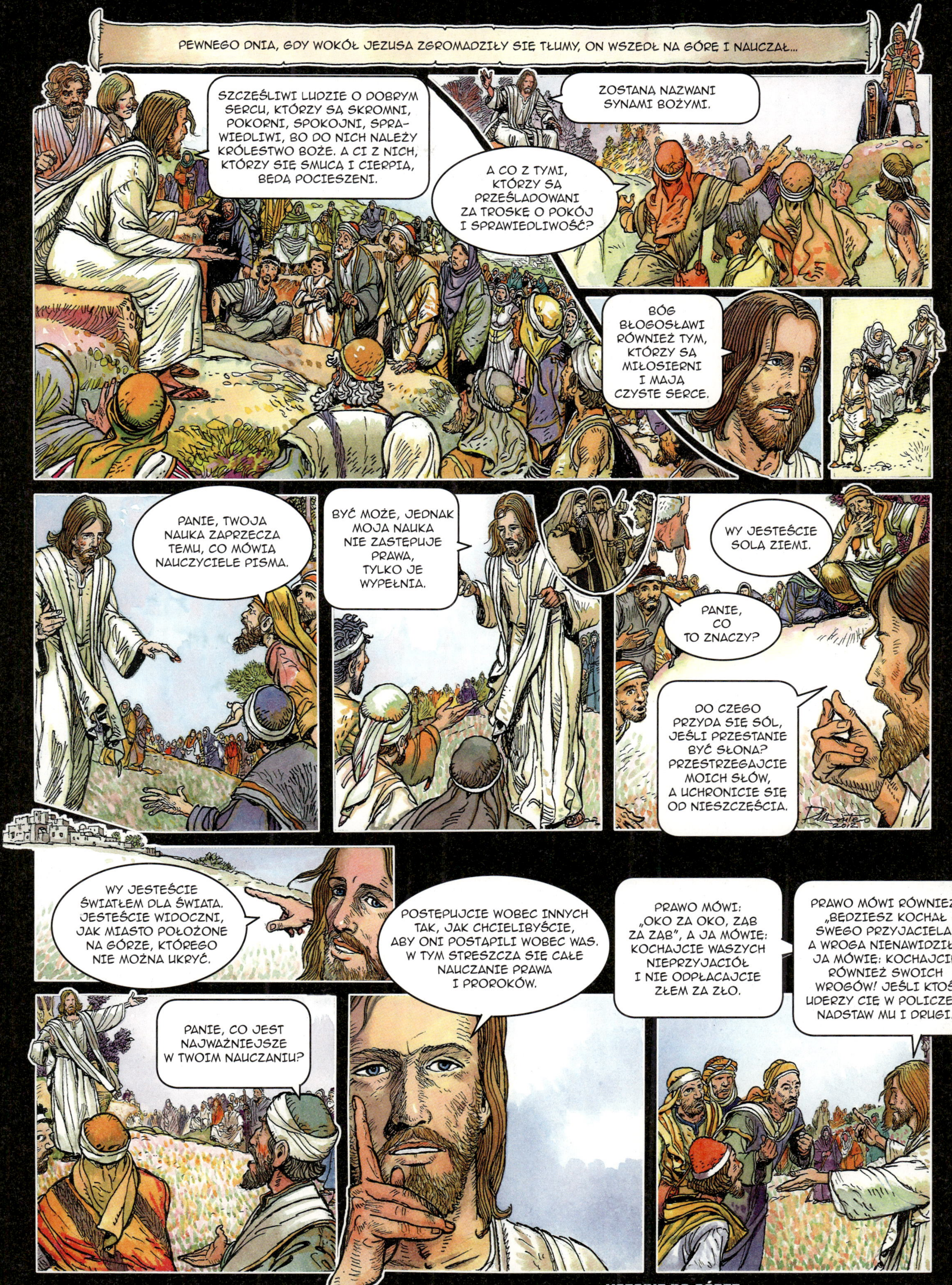
PEWNEGO DNIA, GDY WOKÓŁ JEZUSA ZGROMADZIŁY SIĘ TŁUMY, ON WSZEDŁ NA GÓRĘ I NAUCZAŁ...
SZCZĘŚLIWI LUDZIE O DOBRYM SERCU, KTÓRZY SĄ SKROMNI, POKORNI, SPOKOJNI, SPRAWIEDLIWI, BO DO NICH NALEŻY KRÓLESTWO BOŻE. A CI Z NICH, KTÓRZY SIĘ SMUCĄ I CIERPIĄ, BĘDĄ POCIESZENI.
A CO Z TYMI, KTÓRZY SĄ PRZEŚLADOWANI ZA TROSKĘ O POKÓJ I SPRAWIEDLIWOŚĆ?
ZOSTANĄ NAZWANI SYNAMI BOŻYMI.
BÓG BŁOGOSŁAWI RÓWNIEŻ TYM, KTÓRZY SĄ MIŁOSIERNI I MAJĄ CZYSTE SERCE.
PANIE, TWOJA NAUKA ZAPRZECZA TEMU, CO MÓWIĄ NAUCZYCIELE PISMA.
BYĆ MOŻE, JEDNAK MOJA NAUKA NIE ZASTĘPUJE PRAWA, TYLKO JE WYPEŁNIA.
WY JESTEŚCIE SOLĄ ZIEMI.
PANIE, CO TO ZNACZY?
DO CZEGO PRZYDA SIĘ SÓL, JEŚLI PRZESTANIE BYĆ SŁONA? PRZESTRZEGAJCIE MOICH SŁÓW, A UCHRONICIE SIĘ OD NIESZCZĘŚCIA.
WY JESTEŚCIE ŚWIATŁEM DLA ŚWIATA. JESTEŚCIE WIDOCZNI, JAK MIASTO POŁOŻONE NA GÓRZE, KTÓREGO NIE MOŻNA UKRYĆ.
PANIE, CO JEST NAJWAŻNIEJSZE W TWOIM NAUCZANIU?
POSTĘPUJCIE WOBEC INNYCH TAK, JAK CHCIELIBYŚCIE, ABY ONI POSTĄPILI WOBEC WAS. W TYM STRESZCZA SIĘ CAŁE NAUCZANIE PRAWA I PROROKÓW.
PRAWO MÓWI: „OKO ZA OKO, ZĄB ZA ZĄB", A JA MÓWIĘ: KOCHAJCIE WASZYCH NIEPRZYJACIÓŁ I NIE ODPŁACAJCIE ZŁEM ZA ZŁO.
PRAWO MÓWI RÓWNIEŻ: „BĘDZIESZ KOCHAŁ SWEGO PRZYJACIELA, A WROGA NIENAWIDZIŁ". JA MÓWIĘ: KOCHAJCIE RÓWNIEŻ SWOICH WROGÓW! JEŚLI KTOŚ UDERZY CIĘ W POLICZEK, NADSTAW MU I DRUGI.

PAMIĘTAJCIE, ŻE MIŁOŚĆ NIE OCZEKUJE NICZEGO W ZAMIAN.
KIEDY DAJESZ JAŁMUŻNĘ BIEDNYM, NIECH TWOJA LEWA RĘKA NIE WIE, CO CZYNI PRAWA.
KIEDY SIĘ MODLISZ ALBO SPEŁNIASZ DOBRE UCZYNKI, NIE CHWAL SIĘ TYM I NIE OPOWIADAJ WSZYSTKIM. TWÓJ OJCIEC W NIEBIE WIDZI TWE CZYNY I CIĘ NAGRODZI.
PANIE, JAK MAMY SIĘ MODLIĆ?
MÓDLCIE SIĘ TAK: OJCZE NASZ, KTÓRY JESTEŚ W NIEBIE, NIECH BĘDZIE UŚWIĘCONE TWOJE IMIĘ. NIECH PRZYJDZIE TWOJE KRÓLESTWO, NIECH SIĘ SPEŁNIA TWOJA WOLA, JAK W NIEBIE, TAK I NA ZIEMI. CHLEBA NASZEGO POWSZEDNIEGO DAJ NAM DZISIAJ. I DARUJ NAM NASZE WINY, JAK I MY DAROWALIŚMY NASZYM WINOWAJCOM. I NIE DOPUSZCZAJ DO NAS POKUSY, ALE NAS WYBAW OD ZŁEGO.
NIE GROMADŹCIE BOGACTWA TU, NA ZIEMI. GROMADŹCIE LEPIEJ SKARBY W NIEBIE. BO GDZIE JEST TWÓJ SKARB, TAM BĘDZIE TEŻ TWOJE SERCE.
NIE TROSZCZCIE SIĘ TEŻ O PRZYSZŁOŚĆ, O TO, CO BĘDZIECIE JEŚĆ I PIĆ ALBO W CO SIĘ UBIERAĆ...
PRZYJRZYJCIE SIĘ PTAKOM. NIE SIEJĄ ANI NIE ZBIERAJĄ PLONÓW I NIE GROMADZĄ ICH W SPICHLERZACH, BO OJCIEC NIEBIESKI JE KARMI. PRZYPATRZCIE SIĘ LILIOM NA POLU. NIE TROSZCZĄ SIĘ ONE O SWÓJ UBIÓR.
NIE MARTWCIE SIĘ O SWOJE ŻYCIE. WASZ OJCIEC NIEBIESKI ZATROSZCZY SIĘ O WAS.

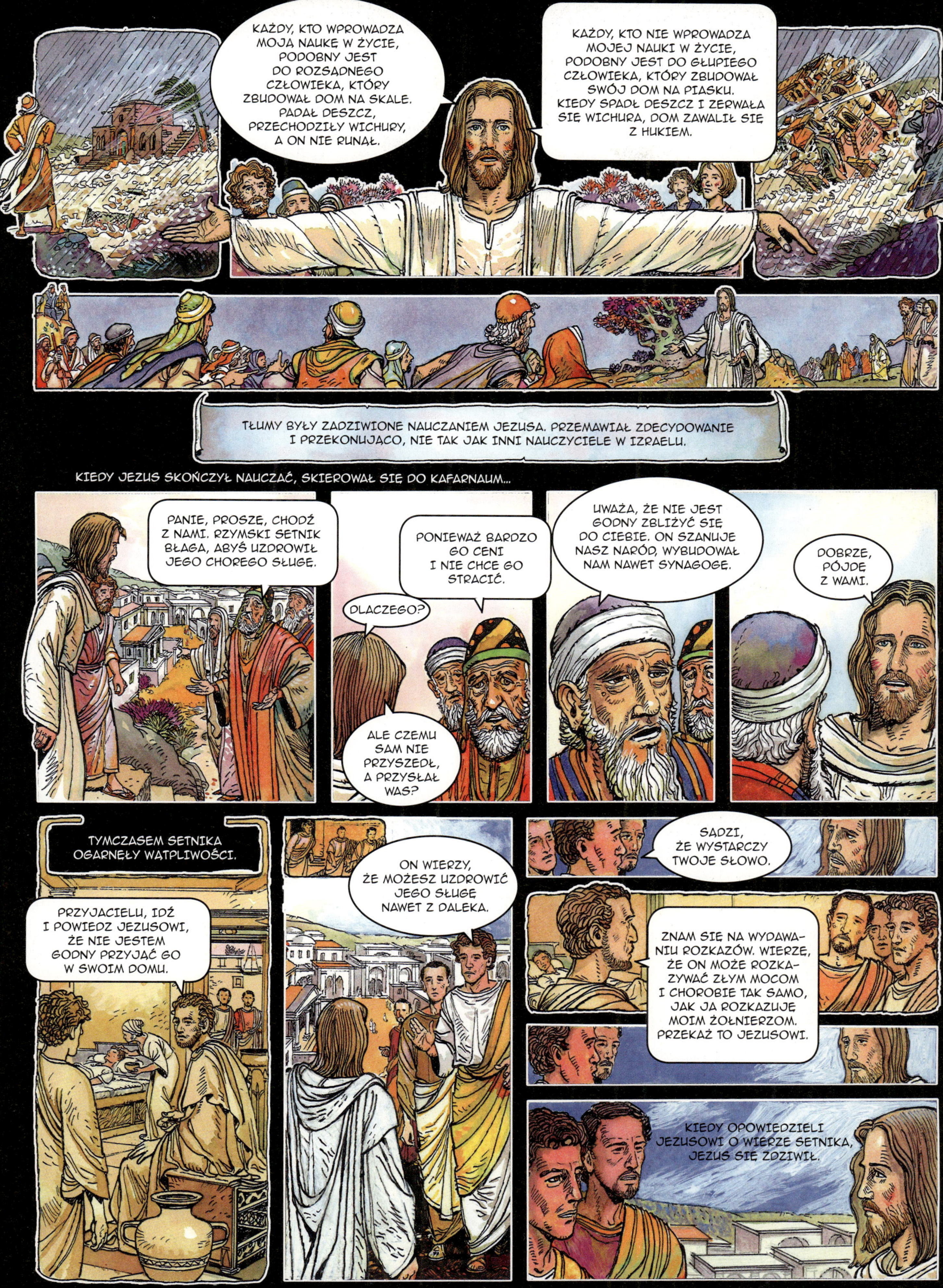
KAŻDY, KTO WPROWADZA MOJA NAUKE W ŻYCIE, PODOBNY JEST DO ROZSADNEGO CZŁOWIEKA, KTÓRY ZBUDOWAŁ DOM NA SKALE. PADAŁ DESZCZ, PRZECHODZIŁY WICHURY, A ON NIE RUNAŁ.
KAŻDY, KTO NIE WPROWADZA MOJEJ NAUKI W ŻYCIE, PODOBNY JEST DO GŁUPIEGO CZŁOWIEKA, KTÓRY ZBUDOWAŁ SWÓJ DOM NA PIASKU. KIEDY SPADŁ DESZCZ I ZERWAŁA SIE WICHURA, DOM ZAWALIŁ SIE Z HUKIEM.
TŁUMY BYŁY ZADZIWIONE NAUCZANIEM JEZUSA. PRZEMAWIAŁ ZDECYDOWANIE I PRZEKONUJACO, NIE TAK JAK INNI NAUCZYCIELE W IZRAELU.
KIEDY JEZUS SKOŃCZYŁ NAUCZAĆ, SKIEROWAŁ SIĘ DO KAFARNAUM...
PANIE, PROSZE, CHODŹ Z NAMI. RZYMSKI SETNIK BŁAGA, ABYŚ UZDROWIŁ JEGO CHOREGO SŁUGE.
DLACZEGO?
PONIEWAŻ BARDZO GO CENI I NIE CHCE GO STRACIĆ.
ALE CZEMU SAM NIE PRZYSZEDŁ, A PRZYSŁAŁ WAS?
UWAŻA, ŻE NIE JEST GODNY ZBLIŻYĆ SIE DO CIEBIE. ON SZANUJE NASZ NARÓD, WYBUDOWAŁ NAM NAWET SYNAGOGE.
DOBRZE, PÓJDE Z WAMI.
TYMCZASEM SETNIKA OGARNEŁY WATPLIWOŚCI.
PRZYJACIELU, IDŹ I POWIEDZ JEZUSOWI, ŻE NIE JESTEM GODNY PRZYJAĆ GO W SWOIM DOMU.
ON WIERZY, ŻE MOŻESZ UZDROWIĆ JEGO SŁUGE NAWET Z DALEKA.
SADZI, ŻE WYSTARCZY TWOJE SŁOWO.
ZNAM SIE NA WYDAWANIU ROZKAZÓW. WIERZE, ŻE ON MOŻE ROZKAZYWAĆ ZŁYM MOCOM I CHOROBIE TAK SAMO, JAK JA ROZKAZUJE MOIM ŻOŁNIERZOM. PRZEKAŻ TO JEZUSOWI.
KIEDY OPOWIEDZIELI JEZUSOWI O WIERZE SETNIKA, JEZUS SIE ZDZIWIŁ.

MÓWIĘ WAM, NIE SPOTKAŁEM TAK WIELKIEJ WIARY NAWET W NASZYM NARODZIE.
KIEDY POSŁAŃCY WRÓCILI DO SETNIKA, ZASTALI SŁUGĘ ZDROWEGO.
WIELU LUDZI W IZRAELU NIE WIEDZIAŁO, CO MYŚLEĆ O JEZUSIE. NIE MOGLI ZAPRZECZYĆ, ŻE UZDRAWIA I CZYNI CUDA, ALE WIĘKSZOŚCI Z NICH TRUDNO BYŁO ZROZUMIEĆ JEGO NAUKĘ I UWIERZYĆ, ŻE JEST MESJASZEM ZAPOWIADANYM PRZEZ DAWNYCH PROROKÓW. MOŻE I ON BYŁ TYLKO PROROKIEM? A MOŻE RZECZYWIŚCIE BYŁ SYNEM BOŻYM?
KIEDY JEZUS WCHODZIŁ DO MIASTA NAIN, MIJAŁ KONDUKT ŻAŁOBNY...
ZMARŁY BYŁ JEDYNYM SYNEM PEWNEJ WDOWY.
KOBIETO, NIE PŁACZ!
JEZUS DTKNAŁ UMARŁEGO.
MÓWIĘ CI, WSTAŃ!
MŁODZIENIEC NATYCHMIAST USIADŁ I ZACZĄŁ MÓWIĆ.
TWÓJ SYN WRÓCIŁ.
TO WIELKI PROROK! BÓG PRZYSZEDŁ DO SWOJEGO LUDU. ON TROSZCZY SIĘ O NAS!
DOBRA NOWINA O JEZUSIE ROZPRZESTRZENIAŁA SIĘ SZYBKO PO CAŁEJ GALILEI I POZA NIĄ.

JAN CHRZCICIEL ZOSTAŁ UWIĘZIONY PRZEZ KRÓLA HERODA ANTYPASA ZA ODWAŻNE MÓWIENIE PRAWDY I WYTYKANIE KRÓLOWI NIEWŁAŚCIWEGO ZACHOWANIA. UCZNIOWIE JANA, KTÓRYM POZWOLONO ODWIEDZAĆ GO W CELI, OPOWIADALI MU O NAUCE I CUDACH JEZUSA. JAN NIE WIEDZIAŁ, CO O TYM WSZYSTKIM MYŚLEĆ.
NIEDAWNO NAWET WSKRZESIŁ Z MARTWYCH MŁODZIEŃCA.
WSPANIALE. WRÓĆCIE DO JEZUSA I ZAPYTAJCIE GO, CZY NAPRAWDĘ JEST TYM, NA KTÓREGO CZEKAMY. POWIEDZCIE MU, ŻE JAN CHCE TO KONIECZNIE WIEDZIEĆ.
ZASTALI JEZUSA Z CZŁOWIEKIEM, KTÓREGO WŁAŚNIE UZDROWIŁ.
PANIE, JAN PYTA, CZY JESTEŚ MESJASZEM, CZY MAMY CZEKAĆ NA KOGOŚ INNEGO.
A JAK MYŚLICIE?
IDŹCIE I OPOWIEDZCIE JANOWI, CO WIDZIELIŚCIE. NIEWIDOMI ODZYSKUJĄ WZROK, KULAWI CHODZĄ, TRĘDOWACI ZDROWIEJĄ, UMARLI ZMARTWYCHWSTAJĄ, A UBOGIM JEST GŁOSZONA DOBRA NOWINA. SZCZĘŚLIWI SĄ CI, KTÓRZY WE MNIE NIE WĄTPIĄ.
KIEDY POSZLIŚCIE NA PUSTYNIĘ, BY SPOTKAĆ JANA, CZY NIE CHCIELIŚCIE ZOBACZYĆ W NIM PROROKA BOŻEGO?
ZAPEWNIAM WAS, JAN JEST KIMŚ WIĘKSZYM OD PROROKA. JEST SPECJALNYM POSŁAŃCEM BOGA.
NIKT NIE OTRZYMAŁ WAŻNIEJSZEGO ZADANIA NIŻ JAN...
...PONIEWAŻ PRZYGOTOWAŁ DROGĘ DLA MNIE.
TYMCZASEM NAJWIĘKSZY PROROK BOGA Z NIECIERPLIWOŚCIĄ CZEKAŁ W WIĘZIENIU NA POWRÓT SWOICH UCZNIÓW Z ODPOWIEDZIĄ JEZUSA.

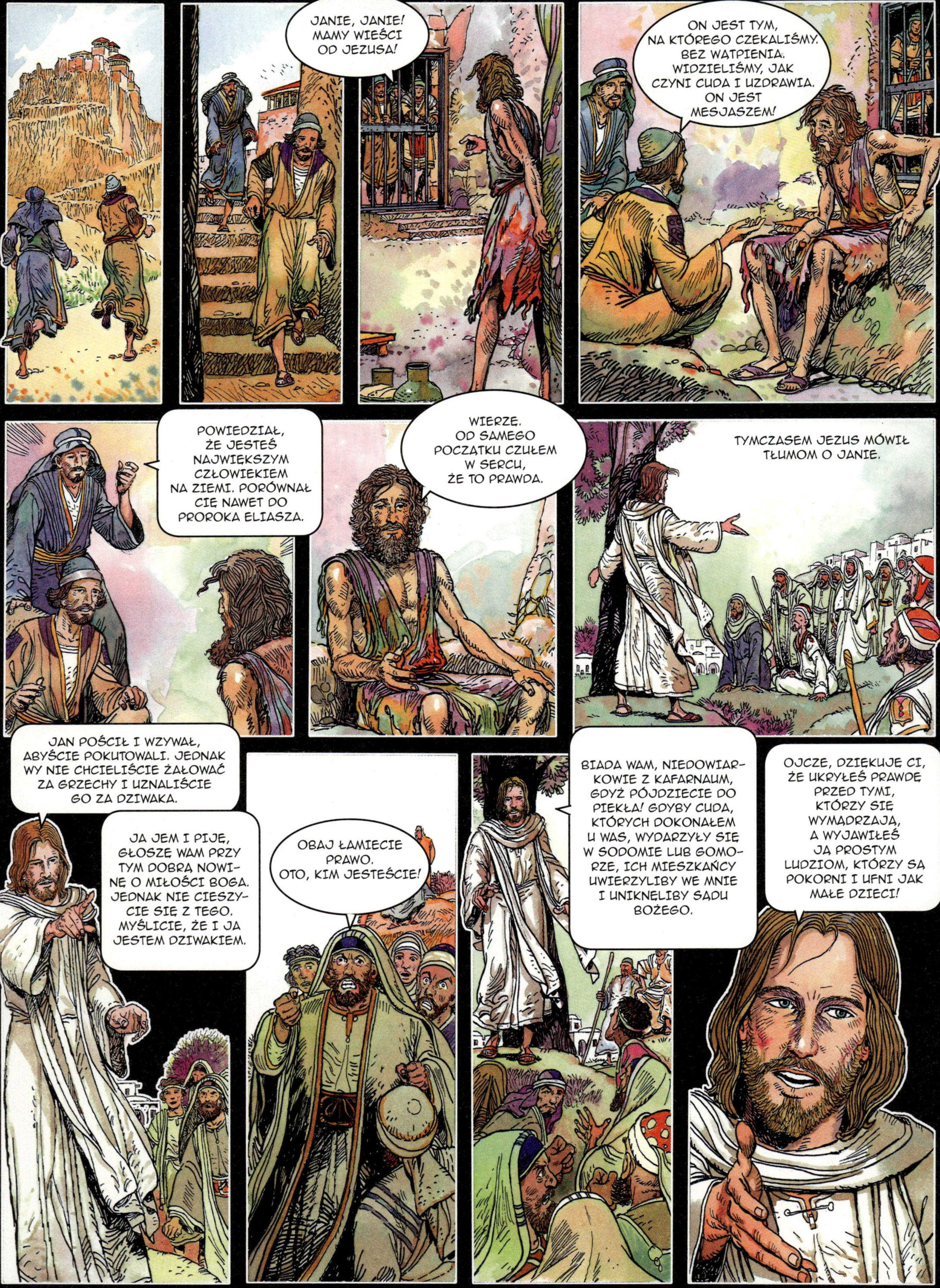

JANIE, JANIE! MAMY WIEŚCI OD JEZUSA!
ON JEST TYM, NA KTÓREGO CZEKALIŚMY. BEZ WĄTPIENIA. WIDZIELIŚMY, JAK CZYNI CUDA I UZDRAWIA. ON JEST MESJASZEM!
POWIEDZIAŁ, ŻE JESTEŚ NAJWIĘKSZYM CZŁOWIEKIEM NA ZIEMI. PORÓWNAŁ CIĘ NAWET DO PROROKA ELIASZA.
WIERZĘ. OD SAMEGO POCZĄTKU CZUŁEM W SERCU, ŻE TO PRAWDA.
TYMCZASEM JEZUS MÓWIŁ TŁUMOM O JANIE.
JAN POŚCIŁ I WZYWAŁ, ABYŚCIE POKUTOWALI. JEDNAK WY NIE CHCIELIŚCIE ŻAŁOWAĆ ZA GRZECHY I UZNALIŚCIE GO ZA DZIWAKA.
JA JEM I PIJĘ, GŁOSZĘ WAM PRZY TYM DOBRĄ NOWINĘ O MIŁOŚCI BOGA. JEDNAK NIE CIESZYCIE SIĘ Z TEGO. MYŚLICIE, ŻE I JA JESTEM DZIWAKIEM.
OBAJ ŁAMIECIE PRAWO. OTO, KIM JESTEŚCIE!
BIADA WAM, NIEDOWIARKOWIE Z KAFARNAUM, GDYŻ PÓJDZIECIE DO PIEKŁA! GDYBY CUDA, KTÓRYCH DOKONAŁEM U WAS, WYDARZYŁY SIĘ W SODOMIE LUB GOMORZE, ICH MIESZKAŃCY UWIERZYLIBY WE MNIE I UNIKNĘLIBY SĄDU BOŻEGO.
OJCZE, DZIĘKUJĘ CI, ŻE UKRYŁEŚ PRAWDĘ PRZED TYMI, KTÓRZY SIĘ WYMĄDRZAJĄ, A WYJAWIŁEŚ JĄ PROSTYM LUDZIOM, KTÓRZY SĄ POKORNI I UFNI JAK MAŁE DZIECI!

Cuda

KTÓREGOŚ DNIA FARYZEUSZ SZYMON ZAPROSIŁ JEZUSA DO SWOJEGO DOMU NA KOLACJĘ. PEWNA KOBIETA KONIECZNIE CHCIAŁA POZNAĆ JEZUSA I NIEPROSZONA PRZYSZŁA DO DOMU SZYMONA. WYNIKŁA Z TEGO KRĘPUJĄCA SYTUACJA, BO KOBIETA UZNAWANA BYŁA ZA GRZESZNĄ, A FARYZEUSZE UWAŻALI SIĘ ZA POBOŻNYCH I UNIKALI TAKICH OSÓB JAK ONA.
KOBIETA UKLĘKŁA PRZED JEZUSEM I ZACZĘŁA PŁAKAĆ.
TO ŻENUJĄCE! CZY JEZUS NIE WIE, CO TO ZA KOBIETA?
PATRZ! WYCIERA JEGO STOPY SWOIMI WŁOSAMI.
KOBIETA NAWET UCAŁOWAŁA JEGO STOPY.
TO SKANDAL. GDYBY ON BYŁ PROROKIEM, NIE POZWOLIŁBY NA TO.
SZYMONIE, MAM CI COŚ DO POWIEDZENIA.
TAK, NAUCZY-CIELU?
PEWIEN CZŁOWIEK POŻYCZYŁ PIENIĄDZE DWÓM LUDZIOM: 50 DENARÓW JEDNEMU I 500 DRUGIEMU. ŻADEN Z NICH NIE MIAŁ Z CZEGO ODDAĆ, WIĘC DAROWAŁ DŁUG IM OBU.
KTÓRY Z NICH BĘDZIE MU BAR-DZIEJ WDZIĘCZNY?
SĄDZĘ, ŻE TEN, KTÓREMU WIĘCEJ DAROWAŁ.
RACJA! A TERAZ SPÓJRZ NA TĘ KOBIETĘ. KIEDY WSZEDŁEM DO TWEGO DOMU, NIE PODAŁEŚ MI WODY DO UMYCIA NÓG...
...A ONA OBMYŁA MI STOPY SWOIMI ŁZAMI I WYTARŁA WŁOSAMI.

UCAŁOWAŁA JE NAWET I NAMAŚCIŁA PACHNĄCYM OLEJKIEM.
PONIEWAŻ OKAZAŁA TYM SWOJĄ MIŁOŚĆ, ODPUSZCZONE SĄ JEJ LICZNE GRZECHY.
TYLKO BÓG MOŻE ODPUSZCZAĆ GRZECHY!
CZY ON JEST MESJASZEM, NA KTÓREGO CZEKALIŚMY?
KOBIETO, TWOJA WIARA CIĘ OCALIŁA. IDŹ W POKOJU!
KIM ON JEST? WIDZIAŁEM, JAK UWOLNIŁ CZŁOWIEKA OPĘTANEGO PRZEZ WIELE DEMONÓW!
CZŁOWIEK TEN BYŁ TAK AGRESYWNY, ŻE NIKT NIE MÓGŁ NAD NIM ZAPANOWAĆ. JEZUS ROZKAZAŁ DEMONOM, ABY Z NIEGO WYSZŁY.
PO CHWILI ÓW CZŁOWIEK BYŁ JUŻ CAŁKIEM SPOKOJNY.
ZAŁOŻĘ SIĘ, ŻE WYPĘDZA DEMONY MOCĄ BELZEBUBA, ICH PRZYWÓDCY.
NIE DOWIÓDŁ JESZCZE, ŻE JEGO NAUKA I CUDA POCHODZĄ OD BOGA.
LUDZIE, WIEM, CO SOBIE MYŚLICIE. ALE CZY NIE ZGODZICIE SIĘ, ŻE GDY W KRÓLESTWIE TOCZĄ SIĘ WEWNĘTRZNE WALKI, TO GROZI MU UPADEK?
PO CO TEN BEZSENSOWNY SPÓR? DLACZEGO NIE MOŻECIE ZAAKCEPTOWAĆ, ŻE BÓG DZIAŁA WŁAŚNIE TU, A JEGO KRÓLESTWO NADESZŁO?
POSŁUCHAJCIE! KAŻDY, KTO NIE JEST ZE MNĄ, JEST PRZECIWKO MNIE.

PEWNEGO DNIA JEZUS ZOSTAŁ ZAPROSZONY DO DOMU FARYZEUSZA. PRZED POSIŁKIEM NIE UMYŁ RĄK, JAK WYMAGA TEGO ŻYDOWSKIE PRAWO.
FARYZEUSZ BYŁ ZASKOCZONY I ZACZĄŁ GO WYPYTYWAĆ O IGNOROWANIE TEGO NAKAZU.
JEZUS USIADŁ PRZY STOLE.
JEZUSIE, DLACZEGO NIE UMYŁEŚ RĄK?
O WY, OBŁUDNICY! DBACIE O CZYSTOŚĆ WSZYSTKIEGO, CO ZEWNĘTRZNE, ALE NIE DBACIE O WNĘTRZE.
OBRAŻASZ NAS. KRYTYKUJESZ NIE TYLKO FARYZEUSZÓW, ALE I ZNAWCÓW PRAWA.
OWSZEM.
BIADA I WAM, ZNAWCY PRAWA! POSIEDLIŚCIE OGROMNĄ WIEDZĘ O BOGU...
...ALE UŻYWACIE JEJ, BY MNOŻYĆ PRZESZKODY DLA TYCH, KTÓRZY CHCĄ POZNAĆ BOGA.
NAGLE DO JEZUSA PODSZEDŁ MĘŻCZYZNA...
NAUCZYCIELU, NASZ OJCIEC WŁAŚNIE ZMARŁ. POWIEDZ MOJEMU BRATU, ABY PODZIELIŁ SIĘ ZE MNĄ SPADKIEM, JAK NAKAZUJE PRAWO.
NIE DO MNIE NALEŻY BYCIE ROZJEMCĄ MIĘDZY TOBĄ A TWOIM BRATEM.
MÓWIĘ WAM JEDNAK: STRZEŻCIE SIĘ CHCIWOŚCI! SZCZĘŚCIE NIE PŁYNIE Z POSIADANIA RZECZY.
POTEM JEZUS OPOWIEDZIAŁ IM PEWNĄ HISTORIĘ: ŻYŁ KIEDYŚ BOGACZ, KTÓRY MIAŁ DUŻO ZIEMI. PEWNEGO ROKU PLONY BYŁY BARDZO OBFITE. „MUSZĘ ZBURZYĆ MOJE STARE SPICHLERZE I ZBUDOWAĆ WIĘKSZE, KTÓRE POMIESZCZĄ MOJE PLONY” – POMYŚLAŁ.
„POTEM PRZESTANĘ PRACOWAĆ I POWIEM SOBIE: ODPOCZYWAJ, JEDZ, PIJ I BAW SIĘ”.
JEDNAK BÓG RZEKŁ DO NIEGO: „GŁUPCZE! JESZCZE TEJ NOCY UMRZESZ. I CO STANIE SIĘ Z TYM WSZYSTKIM, CO ZGROMADZIŁEŚ?”.
TAK DZIEJE SIĘ Z TYMI, KTÓRZY GROMADZĄ BOGACTWA NA ZIEMI, ALE PRZED BOGIEM SĄ BIEDNI.
PO TYM WYDARZENIU FARYZEUSZE I NAUCZYCIELE PISMA ZACZĘLI OSTRO ATAKOWAĆ JEZUSA, ABY GO PRZYŁAPAĆ NA JAKIMŚ SŁOWIE.

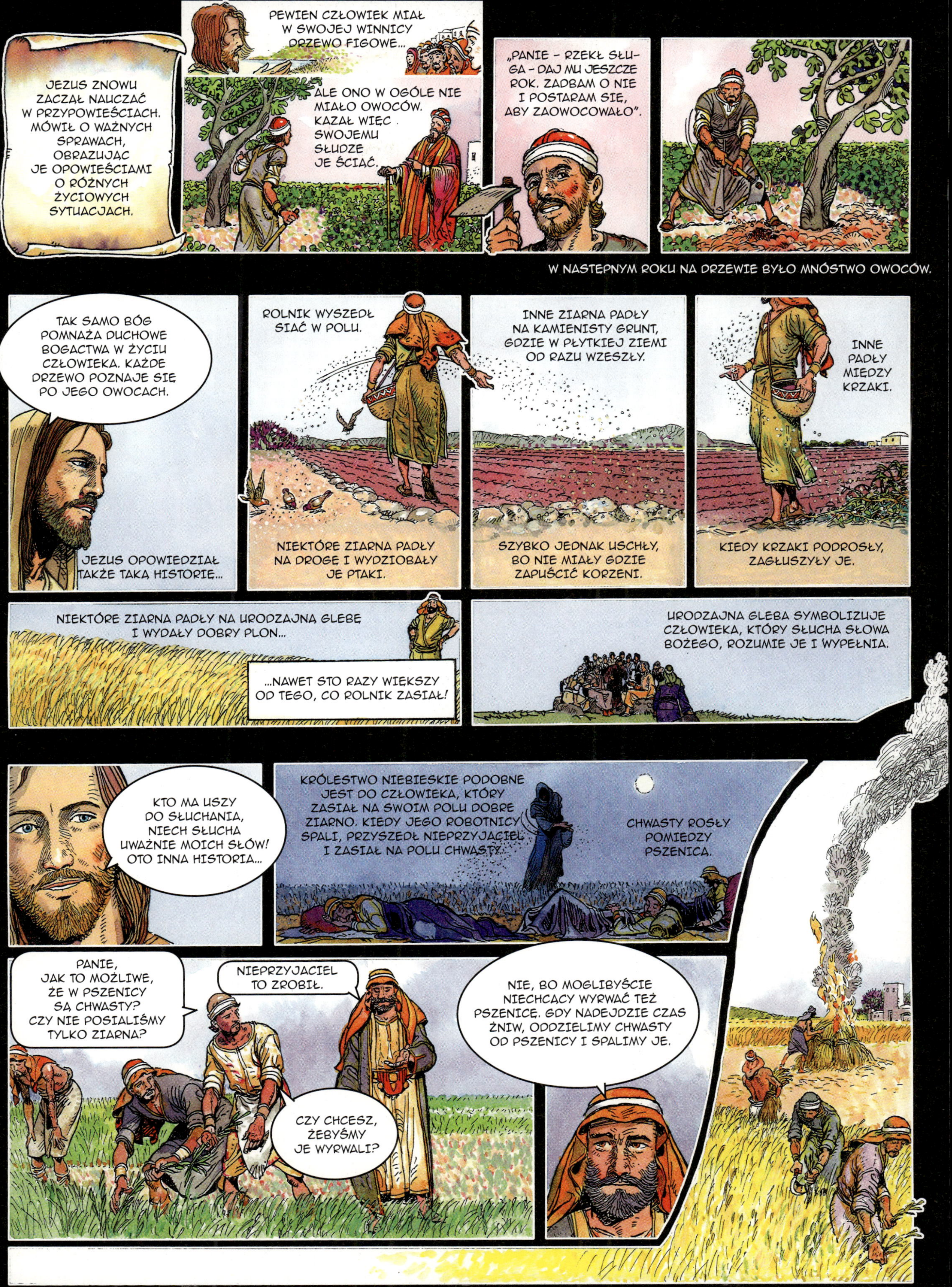

JEZUS ZNOWU ZACZĄŁ NAUCZAĆ W PRZYPOWIEŚCIACH. MÓWIŁ O WAŻNYCH SPRAWACH, OBRAZUJĄC JE OPOWIEŚCIAMI O RÓŻNYCH ŻYCIOWYCH SYTUACJACH.
PEWIEN CZŁOWIEK MIAŁ W SWOJEJ WINNICY DRZEWO FIGOWE...
ALE ONO W OGÓLE NIE MIAŁO OWOCÓW. KAZAŁ WIĘC SWOJEMU SŁUDZE JE ŚCIĄĆ.
„PANIE – RZEKŁ SŁUGA – DAJ MU JESZCZE ROK. ZADBAM O NIE I POSTARAM SIĘ, ABY ZAOWOCOWAŁO".
W NASTĘPNYM ROKU NA DRZEWIE BYŁO MNÓSTWO OWOCÓW.
TAK SAMO BÓG POMNAŻA DUCHOWE BOGACTWA W ŻYCIU CZŁOWIEKA. KAŻDE DRZEWO POZNAJE SIĘ PO JEGO OWOCACH.
JEZUS OPOWIEDZIAŁ TAKŻE TAKĄ HISTORIĘ...
ROLNIK WYSZEDŁ SIAĆ W POLU.
NIEKTÓRE ZIARNA PADŁY NA DROGĘ I WYDZIOBAŁY JE PTAKI.
INNE ZIARNA PADŁY NA KAMIENISTY GRUNT, GDZIE W PŁYTKIEJ ZIEMI OD RAZU WZESZŁY.
SZYBKO JEDNAK USCHŁY, BO NIE MIAŁY GDZIE ZAPUŚCIĆ KORZENI.
INNE PADŁY MIĘDZY KRZAKI.
KIEDY KRZAKI PODROSŁY, ZAGŁUSZYŁY JE.
NIEKTÓRE ZIARNA PADŁY NA URODZAJNĄ GLEBĘ I WYDAŁY DOBRY PLON...
...NAWET STO RAZY WIĘKSZY OD TEGO, CO ROLNIK ZASIAŁ!
URODZAJNA GLEBA SYMBOLIZUJE CZŁOWIEKA, KTÓRY SŁUCHA SŁOWA BOŻEGO, ROZUMIE JE I WYPEŁNIA.
KTO MA USZY DO SŁUCHANIA, NIECH SŁUCHA UWAŻNIE MOICH SŁÓW! OTO INNA HISTORIA...
KRÓLESTWO NIEBIESKIE PODOBNE JEST DO CZŁOWIEKA, KTÓRY ZASIAŁ NA SWOIM POLU DOBRE ZIARNO. KIEDY JEGO ROBOTNICY SPALI, PRZYSZEDŁ NIEPRZYJACIEL I ZASIAŁ NA POLU CHWASTY.
CHWASTY ROSŁY POMIĘDZY PSZENICĄ.
PANIE, JAK TO MOŻLIWE, ŻE W PSZENICY SĄ CHWASTY? CZY NIE POSIALIŚMY TYLKO ZIARNA?
NIEPRZYJACIEL TO ZROBIŁ.
CZY CHCESZ, ŻEBYŚMY JE WYRWALI?
NIE, BO MOGLIBYŚCIE NIECHCĄCY WYRWAĆ TEŻ PSZENICĘ. GDY NADEJDZIE CZAS ŻNIW, ODDZIELIMY CHWASTY OD PSZENICY I SPALIMY JE.

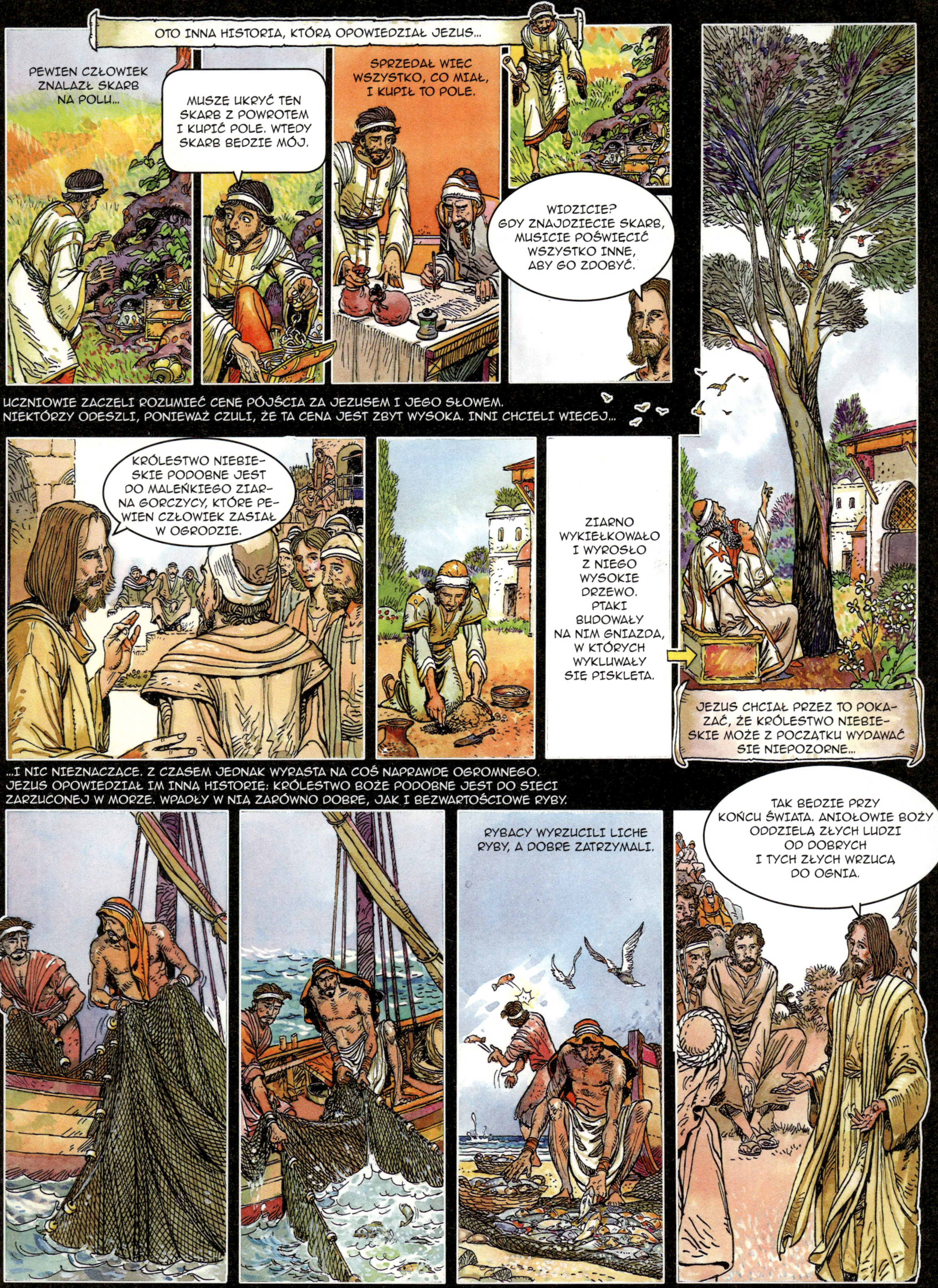
OTO INNA HISTORIA, KTÓRĄ OPOWIEDZIAŁ JEZUS...
PEWIEN CZŁOWIEK ZNALAZŁ SKARB NA POLU...
MUSZĘ UKRYĆ TEN SKARB Z POWROTEM I KUPIĆ POLE. WTEDY SKARB BĘDZIE MÓJ.
SPRZEDAŁ WIĘC WSZYSTKO, CO MIAŁ, I KUPIŁ TO POLE.
WIDZICIE? GDY ZNAJDZIECIE SKARB, MUSICIE POŚWIĘCIĆ WSZYSTKO INNE, ABY GO ZDOBYĆ.
UCZNIOWIE ZACZĘLI ROZUMIEĆ CENĘ PÓJŚCIA ZA JEZUSEM I JEGO SŁOWEM. NIEKTÓRZY ODESZLI, PONIEWAŻ CZULI, ŻE TA CENA JEST ZBYT WYSOKA. INNI CHCIELI WIĘCEJ...
KRÓLESTWO NIEBIESKIE PODOBNE JEST DO MALEŃKIEGO ZIARNA GORCZYCY, KTÓRE PEWIEN CZŁOWIEK ZASIAŁ W OGRODZIE.
ZIARNO WYKIEŁKOWAŁO I WYROSŁO Z NIEGO WYSOKIE DRZEWO. PTAKI BUDOWAŁY NA NIM GNIAZDA, W KTÓRYCH WYKLUWAŁY SIĘ PISKLĘTA.
JEZUS CHCIAŁ PRZEZ TO POKAZAĆ, ŻE KRÓLESTWO NIEBIESKIE MOŻE Z POCZĄTKU WYDAWAĆ SIĘ NIEPOZORNE...
...I NIC NIEZNACZĄCE. Z CZASEM JEDNAK WYRASTA NA COŚ NAPRAWDĘ OGROMNEGO. JEZUS OPOWIEDZIAŁ IM INNĄ HISTORIĘ: KRÓLESTWO BOŻE PODOBNE JEST DO SIECI ZARZUCONEJ W MORZE. WPADŁY W NIĄ ZARÓWNO DOBRE, JAK I BEZWARTOŚCIOWE RYBY.
RYBACY WYRZUCILI LICHE RYBY, A DOBRE ZATRZYMALI.
TAK BĘDZIE PRZY KOŃCU ŚWIATA. ANIOŁOWIE BOŻY ODDZIELĄ ZŁYCH LUDZI OD DOBRYCH I TYCH ZŁYCH WRZUCĄ DO OGNIA.

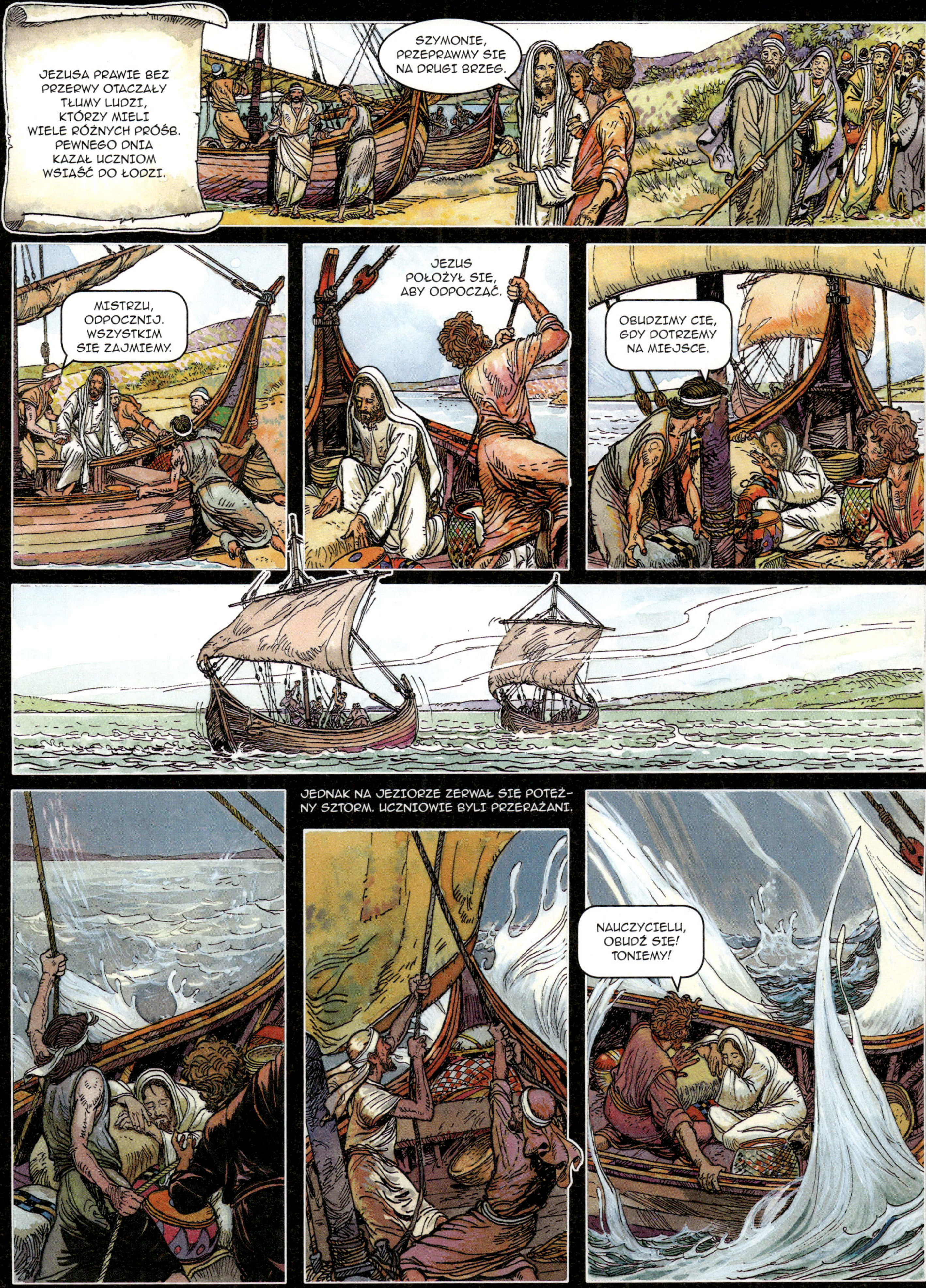

JEZUSA PRAWIE BEZ PRZERWY OTACZAŁY TŁUMY LUDZI, KTÓRZY MIELI WIELE RÓŻNYCH PRÓŚB. PEWNEGO DNIA KAZAŁ UCZNIOM WSIĄŚĆ DO ŁODZI.
SZYMONIE, PRZEPRAWMY SIĘ NA DRUGI BRZEG.
MISTRZU, ODPOCZNIJ. WSZYSTKIM SIĘ ZAJMIEMY.
JEZUS POŁOŻYŁ SIĘ, ABY ODPOCZĄĆ.
OBUDZIMY CIĘ, GDY DOTRZEMY NA MIEJSCE.
JEDNAK NA JEZIORZE ZERWAŁ SIĘ POTĘŻNY SZTORM. UCZNIOWIE BYLI PRZERAŻANI.
NAUCZYCIELU, OBUDŹ SIĘ! TONIEMY!

JEZUS SPAŁ DALEJ...

PŁYNĘLI DALEJ, A UCZNIOWIE MÓWILI JEDEN DO DRUGIEGO: „KIM ON JEST? NAWET WIATR I JEZIORO SĄ MU POSŁUSZNE".

PO DRUGIEJ STRONIE JEZIORA MIESZKALI GERAZEŃCZYCY. KIEDY JEZUS I UCZNIOWIE TAM DOTARLI, WYSZEDŁ IM NAPRZECIW CZŁOWIEK OPĘTANY PRZEZ DEMONY.
NIKT NIE BYŁ W STANIE Z NIM SIĘ UPORAĆ.
MIESZKAŁ WIĘC MIĘDZY GROBAMI...
...GDZIE KALECZYŁ SIEBIE I KRZYCZAŁ.
TY JESTEŚ JEZUS!
JAK CI NA IMIĘ?
NA IMIĘ MI LEGION, BO JEST WE MNIE WIELE ZŁYCH DUCHÓW.
DLACZEGO NAS DRĘCZYSZ? NIE KARZ MNIE!
DUCHY NIECZYSTE, WYJDŹCIE Z TEGO CZŁOWIEKA!
NIE, NIE WYRZCAJ NAS!
POŚLIJ NAS CHOCIAŻ W TE ŚWINIE!
IDŹCIE!
STADO LICZYŁO OKOŁO DWÓCH TYSIĘCY ŚWIŃ. KIEDY ZŁE DUCHY WYSZŁY Z TEGO CZŁOWIEKA, WESZŁY W ŚWINIE. ŚWINIE RUSZYŁY W DÓŁ DO JEZIORA I UTONĘŁY.
PASTERZ ŚWIŃ WPADŁ W PANIKĘ I POBIEGŁ DO WIOSKI, ABY OPOWIEDZIEĆ INNYM, CO SIĘ STAŁO.
MOJE STADO UTONĘŁO!
WTEDY CAŁA WIEŚ POBIEGŁA ZOBACZYĆ CZŁOWIEKA, KTÓRY SIĘ DO TEGO WSZYSTKIEGO PRZYCZYNIŁ.

TU JEST!
BŁAGAMY CIĘ, ODEJDŹ STĄD. NIE CHCEMY CIĘ TUTAJ. PRZEZ CIEBIE NIE MAMY Z CZEGO ŻYĆ.
JEZUS WŁAŚNIE MIAŁ ODPŁYWAĆ, KIEDY UWOLNIONY OD ZŁYCH DUCHÓW CZŁOWIEK WRÓCIŁ...
PANIE, CZY MOGĘ IŚĆ Z TOBĄ?
NIE, WRACAJ DO SWOJEJ RODZINY I OPOWIADAJ WSZYSTKIM, CO BÓG CI UCZYNIŁ.
JEZUS I JEGO UCZNIOWIE POPŁYNĘLI Z POWROTEM NA DRUGĄ STRONĘ JEZIORA. GDY DOTARLI NA BRZEG, WOKÓŁ JEZUSA ZEBRAŁ SIĘ TŁUM LUDZI.
PANIE, JESTEM JAIR, PRZEŁOŻONY SYNAGOGI. MOJA CÓRECZKA UMIERA. BŁAGAM, PRZYJDŹ I UZDRÓW JĄ!
DOBRZE, PÓJDĘ Z TOBĄ.
TŁUM NAPIERAŁ ZE WSZYSTKICH STRON NA JEZUSA, A MIĘDZY LUDŹMI PRZECISKAŁA SIĘ PEWNA KOBIETA...
KOBIETA TA PRZEZ OSTANIE DWANAŚCIE LAT CIERPIAŁA NA KRWOTOK.
JEŚLI UDA MI SIĘ DOTKNĄĆ CHOCIAŻ UBRANIA JEZUSA, TO WYZDROWIEJĘ.
SKRADAŁA SIĘ ZA JEZUSEM I DOTKNĘŁA JEGO TUNIKI.
HM, CZUJĘ, ŻE MOC WYSZŁA ZE MNIE.
KTO DOTKNĄŁ MOJEGO UBRANIA?
PANIE, MNÓSTWO LUDZI PCHA SIĘ DO CIEBIE.
W KOŃCU WYSTRASZONA KOBIETA WYSTĄPIŁA Z TŁUMU I OPOWIEDZIAŁA JEZUSOWI O SWOJEJ CHOROBIE ORAZ O TYM, JAK BEZSKUTECZNIE SZUKAŁA POMOCY U WIELU LEKARZY.
KOBIETO, TWOJA WIARA CIĘ UZDROWIŁA. IDŹ W POKOJU!
WTEDY Z DOMU JAIRA PRZYBYLI POSŁAŃCY ZE ZŁYMI WIEŚCIAMI.
PRZYJACIELU, TWOJA CÓRECZKA UMARŁA!

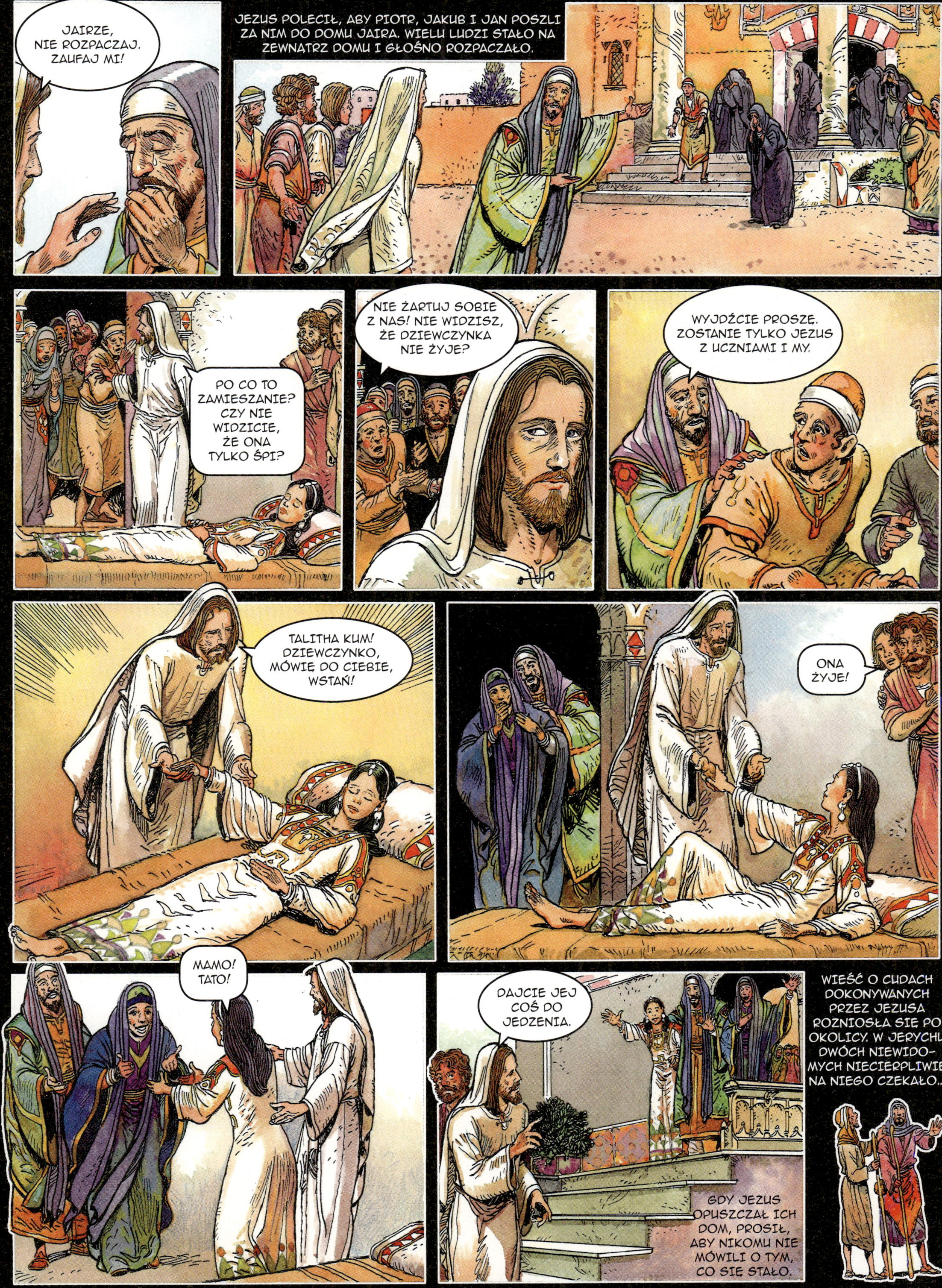

JAIRZE, NIE ROZPACZAJ. ZAUFAJ MI!
JEZUS POLECIŁ, ABY PIOTR, JAKUB I JAN POSZLI ZA NIM DO DOMU JAIRA. WIELU LUDZI STAŁO NA ZEWNĄTRZ DOMU I GŁOŚNO ROZPACZAŁO.
PO CO TO ZAMIESZANIE? CZY NIE WIDZICIE, ŻE ONA TYLKO ŚPI?
NIE ŻARTUJ SOBIE Z NAS! NIE WIDZISZ, ŻE DZIEWCZYNKA NIE ŻYJE?
WYJDŹCIE PROSZĘ. ZOSTANIE TYLKO JEZUS Z UCZNIAMI I MY.
TALITHA KUM! DZIEWCZYNKO, MÓWIĘ DO CIEBIE, WSTAŃ!
ONA ŻYJE!
MAMO! TATO!
DAJCIE JEJ COŚ DO JEDZENIA.
GDY JEZUS OPUSZCZAŁ ICH DOM, PROSIŁ, ABY NIKOMU NIE MÓWILI O TYM, CO SIĘ STAŁO.
WIEŚĆ O CUDACH DOKONYWANYCH PRZEZ JEZUSA ROZNIOSŁA SIĘ PO OKOLICY. W JERYCHU DWÓCH NIEWIDOMYCH NIECIERPLIWIE NA NIEGO CZEKAŁO...

GDY JEZUS I JEGO UCZNIOWIE OPUSZCZALI JERYCHO, NIEWIDOMI ZACZĘLI GŁOŚNO WOŁAĆ.
SYNU DAWIDA, ZLITUJ SIĘ NAD NAMI!
CO CHCECIE, ABYM WAM UCZYNIŁ?
CHCEMY WIDZIEĆ!
PRZEJRZYJCIE!
JA WIDZĘ!
PRAWIE KAŻDY W IZRAELU ZDĄŻYŁ JUŻ USŁYSZEĆ O JEZUSIE I UZDROWIENIACH, KTÓRYCH DOKONAŁ. KIM ON BYŁ? DWAJ NIEWIDOMI NIE MIELI WĄTPLIWOŚCI.
JEZUS NAS UZDROWIŁ!
ON JEST MESJASZEM – KRÓLEM, NA KTÓREGO CZEKALIŚMY!
TYMCZASEM W TYBERIADZIE KRÓL HEROD NIE BYŁ ZADOWOLONY Z TEGO, CO SŁYSZAŁ O JEZUSIE. KILKA MIESIĘCY WCZEŚNIEJ ZABIŁ JANA CHRZCICIELA. HEROD PRZECZUWAŁ, ŻE MIĘDZY JEZUSEM A JANEM MUSI ISTNIEĆ JAKIŚ ZWIĄZEK I CHCIAŁ SIĘ POZBYĆ TAKŻE JEZUSA. BAŁ SIĘ JEDNAK, ŻE DOPROWADZI TO DO ZAMIESZEK, PONIEWAŻ JEZUS CIESZYŁ SIĘ SYMPATIĄ LUDU.
TEN JEZUS MOŻE BYĆ PROROKIEM JAK JAN.
A MOŻE TO SAM JAN OŻYŁ? RACZEJ NIE.
CZYŻBY BYŁ KRÓLEM? NIE, MÓJ OJCIEC WYELIMINOWAŁ TĘ MOŻLIWOŚĆ WIELE LAT TEMU. JEZUS JEST PO PROSTU...
...AROGANCKIM, NIEDOUCZONYM KAZNODZIEJĄ Z PÓŁNOCY.
HEROD CZUŁ SIĘ WINNY ŚMIERCI JANA. A OTO JAK DO TEGO DOSZŁO...
NIE WOLNO CI MIEĆ HERODIADY ZA ŻONĘ!
JAK ON ŚMIE!
JANA WTRĄCONO DO WIĘZIENIA, ŻEBY PRZESTAŁ KRÓLOWI WYPOMINAĆ PUBLICZNIE JEGO GRZECH. HERODIADA NIE MOGŁA JEDNAK MU TEGO ZAPOMNIEĆ.
JAN MIAŁ RACJĘ. HEROD BOWIEM OŻENIŁ SIĘ Z ŻONĄ SWOJEGO ŻYJĄCEGO BRATA, FILIPA.
KOCHANIE, DLACZEGO PO PROSTU NIE ZABIJESZ TEGO BEZCZELNEGO CZŁOWIEKA?
HEROD NIE CHCIAŁ ZABIĆ JANA. WIEDZIAŁ, ŻE ŚMIERĆ PROROKA MOŻE WYWOŁAĆ ZAMIESZKI.

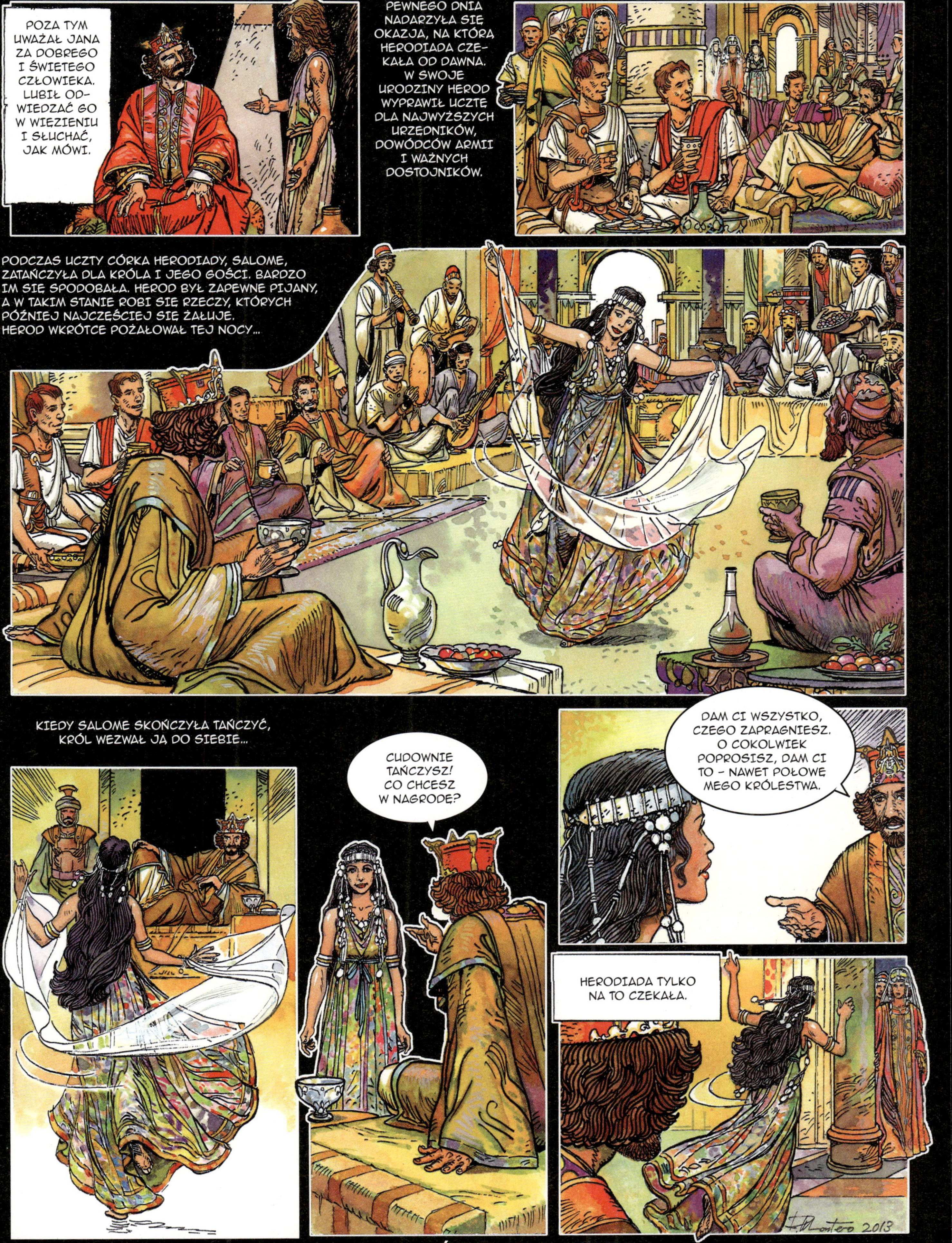
POZA TYM UWAŻAŁ JANA ZA DOBREGO I ŚWIĘTEGO CZŁOWIEKA. LUBIŁ ODWIEDZAĆ GO W WIĘZIENIU I SŁUCHAĆ, JAK MÓWI.
PEWNEGO DNIA NADARZYŁA SIĘ OKAZJA, NA KTÓRĄ HERODIADA CZEKAŁA OD DAWNA. W SWOJE URODZINY HEROD WYPRAWIŁ UCZTĘ DLA NAJWYŻSZYCH URZĘDNIKÓW, DOWÓDCÓW ARMII I WAŻNYCH DOSTOJNIKÓW.
PODCZAS UCZTY CÓRKA HERODIADY, SALOME, ZATAŃCZYŁA DLA KRÓLA I JEGO GOŚCI. BARDZO IM SIĘ SPODOBAŁA. HEROD BYŁ ZAPEWNE PIJANY, A W TAKIM STANIE ROBI SIĘ RZECZY, KTÓRYCH PÓŹNIEJ NAJCZĘŚCIEJ SIĘ ŻAŁUJE. HEROD WKRÓTCE POŻAŁOWAŁ TEJ NOCY...
KIEDY SALOME SKOŃCZYŁA TAŃCZYĆ, KRÓL WEZWAŁ JĄ DO SIEBIE...
CUDOWNIE TAŃCZYSZ! CO CHCESZ W NAGRODĘ?
DAM CI WSZYSTKO, CZEGO ZAPRAGNIESZ. O COKOLWIEK POPROSISZ, DAM CI TO – NAWET POŁOWĘ MEGO KRÓLESTWA.
HERODIADA TYLKO NA TO CZEKAŁA.
Montero 2013

MATKO, O CO MAM POPROSIĆ?
WRÓĆ DO HERODA I POWIEDZ TAK...
DAJ MI GŁOWĘ JANA CHRZCICIELA NA SREBRNYM TALERZU!
HEROD BYŁ ZASKOCZONY, ALE NIE CHCIAŁ ZŁAMAĆ OBIETNICY DANEJ PRZY ŚWIADKACH.
DAJCIE JEJ TO, CZEGO PRAGNIE.
W WIĘZIENIU JAN ZASTANAWIAŁ SIĘ, CZYM JEST KRÓLESTWO BOŻE, A TAKŻE CZY WYPEŁNIŁ JUŻ SWOJĄ MISJĘ, CZY TEŻ PONIÓSŁ KLĘSKĘ. WTEDY PRZYPOMNIAŁ SOBIE, CO MÓWIŁ SWOIM UCZNIOM...
MUSI BYĆ TAK, ŻE JEZUS WZRASTA, A JA SIĘ UMNIEJSZAM.
JAN BYŁ GOTOWY NA ŚMIERĆ. ŻOŁNIERZ PODNIÓSŁ DO GÓRY MIECZ I JEDNYM UDERZENIEM...
SZAST!
CHWILĘ PÓŹNIEJ SALOME WRĘCZONO GŁOWĘ JANA NA SREBRNYM TALERZU.
DZIEWCZYNA PODAŁA JĄ HERODIADZIE.
NARESZCIE NIE ŻYJE!
PÓŹNIEJ PRZYSZLI UCZNIOWIE JANA, ZABRALI JEGO CIAŁO I POCHOWALI W GROBIE.
KIEDY JEZUS USŁYSZAŁ, CO STAŁO SIĘ Z JEGO KREWNYM, POSZEDŁ NA MIEJSCE ODOSOBNIONE. MODLIŁ SIĘ ZA NIEGO I W SAMOTNOŚCI UCZCIŁ JEGO PAMIĘĆ. JAN NIE TYLKO SŁOWEM ZAPOWIADAŁ NADEJŚCIE MESJASZA, ALE TAKŻE JEGO ŚMIERĆ BYŁA ZAPOWIEDZIĄ LOSU ZBAWICIELA.
KRÓL HEROD ANTYPAS, KTÓREGO JEZUS NAZWIE PÓŹNIEJ LISEM, RZĄDZIŁ PÓŁNOCNYM TERYTORIUM PRZEZ KOLEJNE OSIEM LAT. ZOSTAŁ JEDNAK WYGNANY Z KRAJU I NIGDY DO NIEGO NIE WRÓCIŁ.

Nauczanie

TYMCZASEM UCZNIOWIE GŁOSILI DOBRĄ NOWINĘ O KRÓLESTWIE BOŻYM PO CAŁEJ GALILEI. GDY WRÓCILI DO JEZUSA, POWIEDZIELI MU O WSZYSTKIM, CO SIĘ WYDARZYŁO – O UZDRAWIANIU CHORYCH I UWALNIANIU OPĘTANYCH PRZEZ DEMONY...
WSPANIALE! CZAS ODPOCZĄĆ. POPŁYŃMY NA DRUGĄ STRONĘ JEZIORA.
TAM JEST.
JEZUS ODPŁYWA!
BIEGNIJMY SZYBKO NA DRUGĄ STRONĘ!
ŁATWO CI POWIEDZIEĆ. A CO ZE MNĄ?
PATRZCIE! TŁUM IDZIE ZA NAMI BRZEGIEM.
SĄ JAK OWCE BEZ PASTERZA.
KIEDY DOTARLI NA DRUGI BRZEG, JEZUS MÓWIŁ DUŻO O KRÓLESTWIE BOŻYM, A LUDZIE DZIWILI SIĘ TEMU. BYŁO JUŻ PÓŹNO, A ONI NIC NIE JEDLI. UCZNIOWIE ZACZĘLI SIĘ MARTWIĆ.
PANIE, KAŻ IM PÓJŚĆ DO POBLISKICH WSI I GOSPODARSTW. NIECH KUPIĄ SOBIE COŚ DO JEDZENIA.
WY DAJCIE IM JEŚĆ!
ŻARTUJESZ? JAK ZDOBĘDZIEMY ŻYWNOŚĆ DLA TYLU LUDZI?
ILE MACIE JEDZENIA?
TEN CHŁOPIEC MA PIĘĆ BOCHENKÓW CHLEBA I DWIE RYBY.

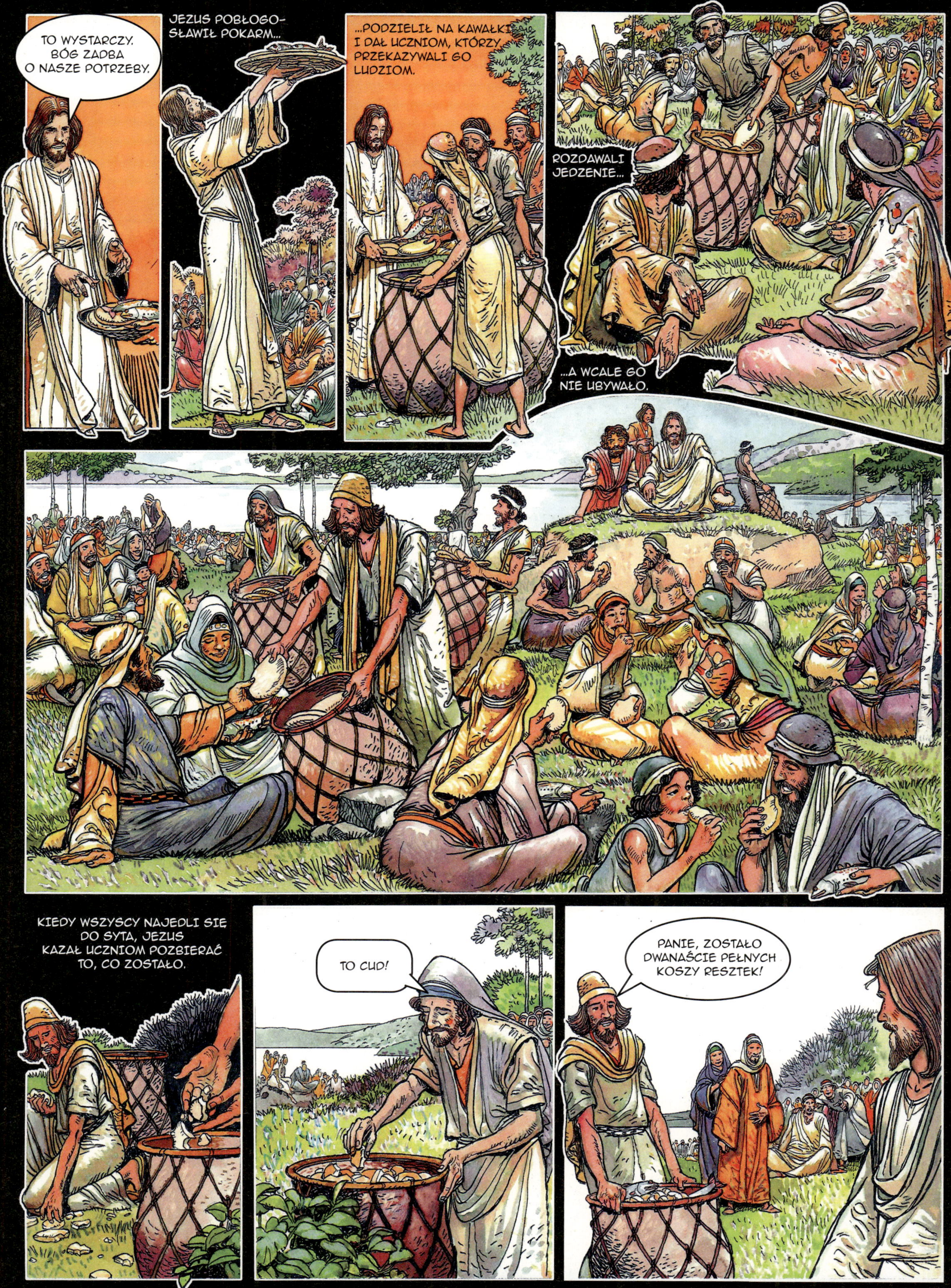
TO WYSTARCZY. BÓG ZADBA O NASZE POTRZEBY.
JEZUS POBŁOGOSŁAWIŁ POKARM...
...PODZIELIŁ NA KAWAŁKI I DAŁ UCZNIOM, KTÓRZY PRZEKAZYWALI GO LUDZIOM.
ROZDAWALI JEDZENIE...
...A WCALE GO NIE UBYWAŁO.
KIEDY WSZYSCY NAJEDLI SIĘ DO SYTA, JEZUS KAZAŁ UCZNIOM POZBIERAĆ TO, CO ZOSTAŁO.
TO CUD!
PANIE, ZOSTAŁO DWANAŚCIE PEŁNYCH KOSZY RESZTEK!

JEZUS JEST PROROKIEM!
BĄDŹ NASZYM KRÓLEM!
ZOSTAŃ Z NAMI!
WSIĄDŹCIE DO ŁODZI I POPŁYŃCIE NA DRUGI BRZEG. DOŁĄCZĘ DO WAS PÓŹNIEJ.
JEZUS ZLITOWAŁ SIĘ NAD NIMI, ALE NIE ZAMIERZAŁ BYĆ ICH ZIEMSKIM KRÓLEM. PRAGNĄŁ GŁOSIĆ DOBRĄ NOWINĘ W CAŁYM IZRAELU, A NAWET POZA NIM.
CHODŹMY JUŻ DO DOMU.
PORA WRACAĆ. WKRÓTCE ZROBI SIĘ CIEMNO.
GDY JEZUS ICH POŻEGNAŁ, WSZEDŁ NA GÓRĘ, ABY SIĘ MODLIĆ. W NOCY ZACZĄŁ WIAĆ SILNY WIATR. JEZUS WIDZIAŁ, JAK JEGO UCZNIOWIE MOCUJĄ SIĘ Z WIOSŁAMI. BYŁA JUŻ CZWARTA NAD RANEM...
TRUDNO SIĘ WIOSŁUJE!
CHCIAŁBYM, ABY JEZUS TU BYŁ...
TONIEMY!

PATRZCIE! CO TO?
ZJAWA!
NIE, TO JEZUS!
USPOKÓJCIE SIĘ. TO JA. NIE BÓJCIE SIĘ!
PANIE, JEŚLI TO NAPRAWDĘ TY, KAŻ MI PRZYJŚĆ DO CIEBIE.
CHODŹ!
PANIE, RATUJ MNIE!
DLACZEGO SIĘ WYSTRASZYŁEŚ? DLACZEGO WE MNIE ZWĄTPIŁEŚ, PIOTRZE?
UFAM TOBIE, JEZU!
TY NAPRAWDĘ JESTEŚ SYNEM BOŻYM!
GDY TYLKO JEZUS I PIOTR WESZLI DO ŁODZI, WIATR UCICHŁ, A JEZIORO SIĘ USPOKOIŁO.

WCZESNYM RANKIEM PRZYPŁYNĘLI DO MIASTA GENEZARET, NA WYBRZEŻU GALILEI.
PATRZCIE, JEZUS NADCHODZI!
MUSIMY POWIADOMIĆ INNYCH.
WKRÓTCE WIELU LUDZI WYSZŁO MU NA SPOTKANIE. PRZYNIEŚLI ZE SOBĄ WSZYSTKICH SWOICH CHORYCH.
POZWÓL MI TYLKO DOTKNĄĆ RĄBKA TWEGO PŁASZCZA.
JESTEM ZDROWY!
LUDZIE SZUKALI JEZUSA NA PRZECIWLEGŁYM BRZEGU, ALE NIE ZNALEŹLI GO TAM.
PEWNIE JEST NA DRUGIM BRZEGU. CHODŹMY!
TAK NAPRAWDĘ CI LUDZIE WCALE MNIE NIE SZUKAJĄ. CHCĄ RACZEJ CHLEBA I CUDÓW.
JEZUS WSZEDŁ DO SYNAGOGI W KAFARNAUM...
NIE SZUKAJCIE POKARMU, KTÓRY SIĘ PSUJE, ALE TAKIEGO, KTÓRY PRZETRWA NA ZAWSZE.
JAK MAMY TO ZROBIĆ?
UWIERZCIE W TEGO, KTÓREGO BÓG DO WAS POSŁAŁ. WTEDY ZNAJDZIECIE BOGA. JA JESTEM BOŻYM CHLEBEM Z NIEBA.
JA JESTEM PRAWDZIWYM CHLEBEM ŻYCIA. ZSTĄPIŁEM Z NIEBA, ABY DAĆ ŻYCIE ŚWIATU.
CHLEB Z NIEBA? CZY ON OSZALAŁ? PRZECIEŻ TO SYN JÓZEFA. ON WCALE NIE ZSTĄPIŁ Z NIEBA.
CI, KTÓRZY PRZYJDĄ DO MNIE, NIGDY NIE ZAZNAJĄ GŁODU I PRAGNIENIA. JA NIE ODRZUCĘ NIKOGO.
POTEM DODAŁ:
JEŚLI NIE BĘDZIECIE SPOŻYWALI MOJEGO CIAŁA I PILI MOJEJ KRWI, NIE BĘDZIECIE MIELI W SOBIE ŻYCIA. JEŚLI JEDNAK BĘDZIECIE TO CZYNIĆ, WSKRZESZĘ WAS W DNIU OSTATECZNYM.
ŻYDZI ZUPEŁNIE NIE ROZUMIELI, O CZYM MÓWI.
JAK ON MOŻE NAM DAĆ SWOJE CIAŁO DO JEDZENIA?
JA ŻYJĘ DZIĘKI MOJEMU OJCU, KTÓRY MNIE POSŁAŁ. PODOBNIE DZIĘKI MNIE BĘDZIE ŻYŁ TEN, KTO BĘDZIE MNIE SPOŻYWAŁ.

SŁOWA TE BYŁY TRUDNE. WIELU UCZNIÓW POSTANOWIŁO ZREZYGNOWAĆ.
TEGO JUŻ ZA DUŻO. POSZUKAJMY INNEGO NAUCZYCIELA.
TO WAS OBRAŻA? A CO BY BYŁO, GDYBYŚCIE ZOBACZYLI, JAK WSTĘPUJĘ TAM, SKĄD PRZYSZEDŁEM? TO BY WAS DOPIERO DOTKNĘŁO, PRAWDA?
NIE JEST ŁATWO IŚĆ ZA MNĄ. W RZECZYWISTOŚCI NIKT NIE MOŻE PRZYJŚĆ DO MNIE, JEŚLI NIE PRZYPROWADZI GO MÓJ OJCIEC.
A WY? TEŻ CHCECIE ODEJŚĆ?
PANIE, DO KOGO MIELIBYŚMY PÓJŚĆ? TY JESTEŚ OD BOGA I TY MASZ SŁOWA ŻYCIA WIECZNEGO.
WTEDY WIELU ODESZŁO OD JEZUSA I WRÓCIŁO DO DAWNEGO ŻYCIA I ZASAD GŁOSZONYCH PRZEZ PRZYWÓDCÓW RELIGIJNYCH. NIE POTRAFILI PRZYJĄĆ JEGO NAUKI O KRÓLESTWIE BOŻYM I EUCHARYSTII. BALI SIĘ ODRZUCIĆ DAWNY SPOSÓB MYŚLENIA I PRZYJĄĆ TO, CZEGO NAUCZAŁ JEZUS.
PEWNEGO DNIA DO JEZUSA PRZYSZLI PRZYWÓDCY ŻYDOWSCY...
DLACZEGO TWOI UCZNIOWIE ŁAMIĄ ZASADY I NIE MYJĄ RĄK PRZED POSIŁKIEM?
O WY, OBŁUDNICY! TO WŁAŚNIE O WAS MÓWIŁ IZAJASZ: „CZCZĄ MNIE WARGAMI, ALE ICH SERCE JEST DALEKO ODE MNIE!”.
JEZUS WIEDZIAŁ, ŻE FARYZEUSZE BARDZIEJ SKUPIALI SIĘ NA TYM, CO ZEWNĘTRZNE, A NIE NA WEWNĘTRZNEJ PRZEMIANIE.
PRÓBOWAŁ IM WYJAŚNIĆ, ŻE OBMYWANIE CIAŁA NIE OCZYSZCZA WNĘTRZA CZŁOWIEKA.
PÓŹNIEJ JEZUS PRZYBYŁ DO POGAŃSKIEGO MIASTA TYR. TAM SPOTKAŁ KOBIETĘ, KTÓREJ CÓRKĘ OPĘTAŁ ZŁY DUCH.
KTO JĄ OD TEGO UWOLNI?
W MIEŚCIE JEST CUDOTWÓRCA! MOŻE ON JEJ POMOŻE.
NAPRAWDĘ? ZABIERZ MNIE DO NIEGO.

JEZUS LICZYŁ, ŻE W DOMU, W KTÓRYM SIĘ ZATRZYMAŁ, NIKT GO NIE ZNAJDZIE. JEGO SPOKÓJ ZAKŁÓCIŁA WIZYTA KOBIETY.
PANIE, POMÓŻ MI, PROSZĘ!
WYPĘDŹ ZŁEGO DUCHA Z MOJEJ CÓRKI!
KOBIETA NIE PRZESTAWAŁA PROSIĆ O POMOC.
POSŁANO MNIE TYLKO DO LUDU IZRAELA.
NIE WYPADA ZABIERAĆ CHLEB DZIECIOM I RZUCAĆ GO SZCZENIĘTOM.
TAK, PANIE, TO PRAWDA. ALE I SZCZENIĘTA ZJADAJĄ Z PODŁOGI OKRUCHY, KTÓRE SPADNĄ DZIECIOM ZE STOŁU.
MASZ WIELKĄ WIARĘ. WRACAJ DO DOMU. ZŁY DUCH JUŻ OPUŚCIŁ TWOJĄ CÓRKĘ.
KIEDY KOBIETA WRÓCIŁA DO DOMU, ZASTAŁA SWOJĄ CÓRKĘ ZUPEŁNIE ZDROWĄ I SPOKOJNĄ.
CZEŚĆ, MAMO!

JEZUS OPUŚCIŁ OKOLICE TYRU I PRZED POWROTEM DO GALILEI UDAŁ SIĘ DALEJ NA PÓŁNOC, DO SYDONU. CAŁY CZAS NAUCZAŁ SWOICH UCZNIÓW, JEDNAK NIEUSTANNIE NACHODZILI GO TAKŻE RÓŻNI POTRZEBUJĄCY.
PANIE, TEN CZŁOWIEK JEST GŁUCHY I PRAWIE NIE MÓWI. UZDRÓW GO!
CHODŹ ZE MNĄ.
JEZUS WŁOŻYŁ PALCE DO USZU MĘŻCZYZNY I ŚLINĄ DOTKNĄŁ JEGO JĘZYKA.
EFFATHA! TO ZNACZY 'OTWÓRZ SIĘ!'.
CZŁOWIEK TEN OTWORZYŁ USTA...
JA SŁYSZĘ! JA MÓWIĘ!
JEZUS MNIE UZDROWIŁ!
JEZUS UZDROWIŁ CZŁOWIEKA, KTÓRY BYŁ GŁUCHY I NIEMY!
JEZUS PROSIŁ LUDZI, ABY O TYM NIE MÓWILI, ALE ONI ROBILI CAŁKIEM ODWROTNIE...
FARYZEUSZE I PRZYWÓDCY RELIGIJNI BYLI ŹLI. NIE TYLKO DLATEGO, ŻE JEZUS NAJWYRAŹNIEJ NIE UZNAWAŁ ICH AUTORYTETU, ALE RÓWNIEŻ DLATEGO, ŻE LUDZIE ODCHODZILI OD NICH I GROMADZILI SIĘ WOKÓŁ JEZUSA.
JEZUS TO OSZUST! SPROWADZA NASZ LUD NA ZŁĄ DROGĘ.
ZOBACZMY, CZY JEST W STANIE POKAZAĆ NAM PRAWDZIWY ZNAK.

JEZUSIE, DAJ NAM ZNAK Z NIEBA, ABYŚMY CI UWIERZYLI.
O WY ŚLEPI FARYZEUSZE! CZY NIE DOŚĆ JUŻ ZOBACZYLIŚCIE?
Z ŁATWOŚCIĄ WYJAŚNIACIE ZNAKI OBECNE W NATURZE, A NIE POTRAFICIE ROZPOZNAĆ TEGO, CZEGO JESTEŚCIE ŚWIADKAMI. JESTEŚCIE ŚLEPI.
WY PRZEWROTNI LUDZIE! DOMAGACIE SIE ZNAKÓW, ALE BEDZIE WAM DANY JEDYNIE ZNAK JONASZA.
CHODŹMY STAD, PANIE!
STRZEŻCIE SIE ZAKWASU FARYZEUSZÓW I SADUCEUSZÓW.
CZEMU TO POWIEDZIAŁ? CZYŻBY DLATEGO, ŻE NIE WZIELIŚMY ZE SOBA CHLEBA?
NIE JEDZENIE JEST PROBLEMEM, ALE WASZ SPOSÓB MYŚLENIA. ROZUMIECIE?
PAMIETACIE CUD ROZMNOŻENIA CHLEBA I RYB? CZY NIE ZOSTAŁO WIELE KOSZY? DLACZEGO WIEC MARTWICIE SIE O POKARM?
NIE, NIE MÓWIŁEM O CHLEBIE. MÓWIŁEM O NAUCZANIU, KTÓRE MOŻE Z ŁATWOŚCIA ZATRUĆ WASZ UMYSŁ.

NADAL NIE ROZUMIECIE, PRAWDA?
TAK, ONI WCIĄŻ NIE ROZUMIELI. WIDZIELI JEGO CUDA I WIERZYLI, ŻE POSŁAŁ GO BÓG. JEDNAK NIE DO KOŃCA POJMOWALI JEGO NAUKĘ, KTÓRA TAK BARDZO RÓŻNIŁA SIĘ OD WSZYSTKIEGO, CO ZNALI.
W BETSAIDZIE DO JEZUSA PRZYPROWADZONO NIEWIDOMEGO...
JEZUSIE, DOTKNIJ TEGO CZŁOWIEKA!
WIEMY, ŻE POTRAFISZ GO UZDROWIĆ.
CHODŹ ZE MNĄ.
KIEDY BYLI JUŻ SAMI, JEZUS ZATRZYMAŁ SIĘ...
POTEM POŚLINIŁ PALCE I DOTKNĄŁ NIMI OCZU MĘŻCZYZNY.
OTWÓRZ OCZY. CZY COŚ WIDZISZ?
WIDZĘ LUDZI. WYGLĄDAJĄ JAK CHODZĄCE DRZEWA.
JEZUS PONOWNIE DOTKNĄŁ JEGO OCZU...
JA WIDZĘ. WIDZĘ WSZYSTKO WYRAŹNIE!
TYLKO NIE WRACAJ DO WSI.

PEWNEGO DNIA, GDY WĘDROWALI NA PÓŁNOC W KIERUNKU CEZAREI FILIPOWEJ, JEZUS NAGLE ZATRZYMAŁ SIĘ I ZWRÓCIŁ SIĘ DO UCZNIÓW...
POWIEDZCIE, KIM JESTEM WEDŁUG LUDZI?
JEDNI MÓWIĄ, ŻE JANEM CHRZCICIELEM. INNI, ŻE ELIASZEM ALBO JEDNYM Z PROROKÓW.
A WEDŁUG WAS KIM JESTEM?
TY JESTEŚ CHRYSTUS, SYN BOGA ŻYWEGO!
BŁOGOSŁAWIONY JESTEŚ, SZYMONIE! BO NIE DOWIEDZIAŁEŚ SIĘ TEGO Z KSIĄG ANI OD NAUCZYCIELI, ALE SAM BÓG CI TO OBJAWIŁ.
TY JESTEŚ PIOTR. JESTEŚ SKAŁĄ, NA KTÓREJ ZBUDUJĘ MÓJ KOŚCIÓŁ.
TOBIE DAM KLUCZE KRÓLESTWA NIEBIESKIEGO. CO ZWIĄŻESZ NA ZIEMI, BĘDZIE ZWIĄZANE W NIEBIE, A CO ROZWIĄŻESZ NA ZIEMI, BĘDZIE ROZWIĄZANE W NIEBIE.
BRAMY PIEKŁA NIE POKONAJĄ MOJEGO KOŚCIOŁA.
JEZUS PRZYKAZAŁ IM, ABY NIKOMU NIE MÓWILI, KIM JEST.
KILKA DNI PÓŹNIEJ JEZUS WZIĄŁ ZE SOBĄ PIOTRA, JAKUBA I JEGO BRATA JANA.
WEJDŹMY NA TAMTĄ GÓRĘ...

KIEDY JUŻ DOTARLI NA SZCZYT...
ZOSTAWMY GO W SPOKOJU. CHCE SIĘ POMODLIĆ.
NAGLE TWARZ JEZUSA ZAJAŚNIAŁA, A JEGO UBRANIE STAŁO SIĘ LŚNIĄCO BIAŁE...
PATRZCIE! NIE JEST SAM.
UCZNIOWIE DOMYŚLILI SIĘ, ŻE DWAJ NIEZNAJOMI TO MOJŻESZ I ELIASZ.
PANIE, JEŚLI CHCESZ, POSTAWIMY TU TRZY NAMIOTY: DLA CIEBIE, DLA MOJŻESZA I ELIASZA.
O TAK, GDYBYŚMY TYLKO MOGLI ZOSTAĆ TU NA ZAWSZE!
PATRZCIE! ŚWIETLISTY OBŁOK!
TO JEST MÓJ UKOCHANY SYN. SŁUCHAJCIE GO!
UCZNIOWIE PRZERAZILI SIĘ I UPADLI NA ZIEMIĘ. A JEZUS PODSZEDŁ DO NICH, DOTKNĄŁ ICH I RZEKŁ: „WSTAŃCIE. NIE BÓJCIE SIĘ”.

 JEZUS UZDRAWIA OPĘTANEGO CHŁOPCA MK 9, 14-27; MT 14, 17-23

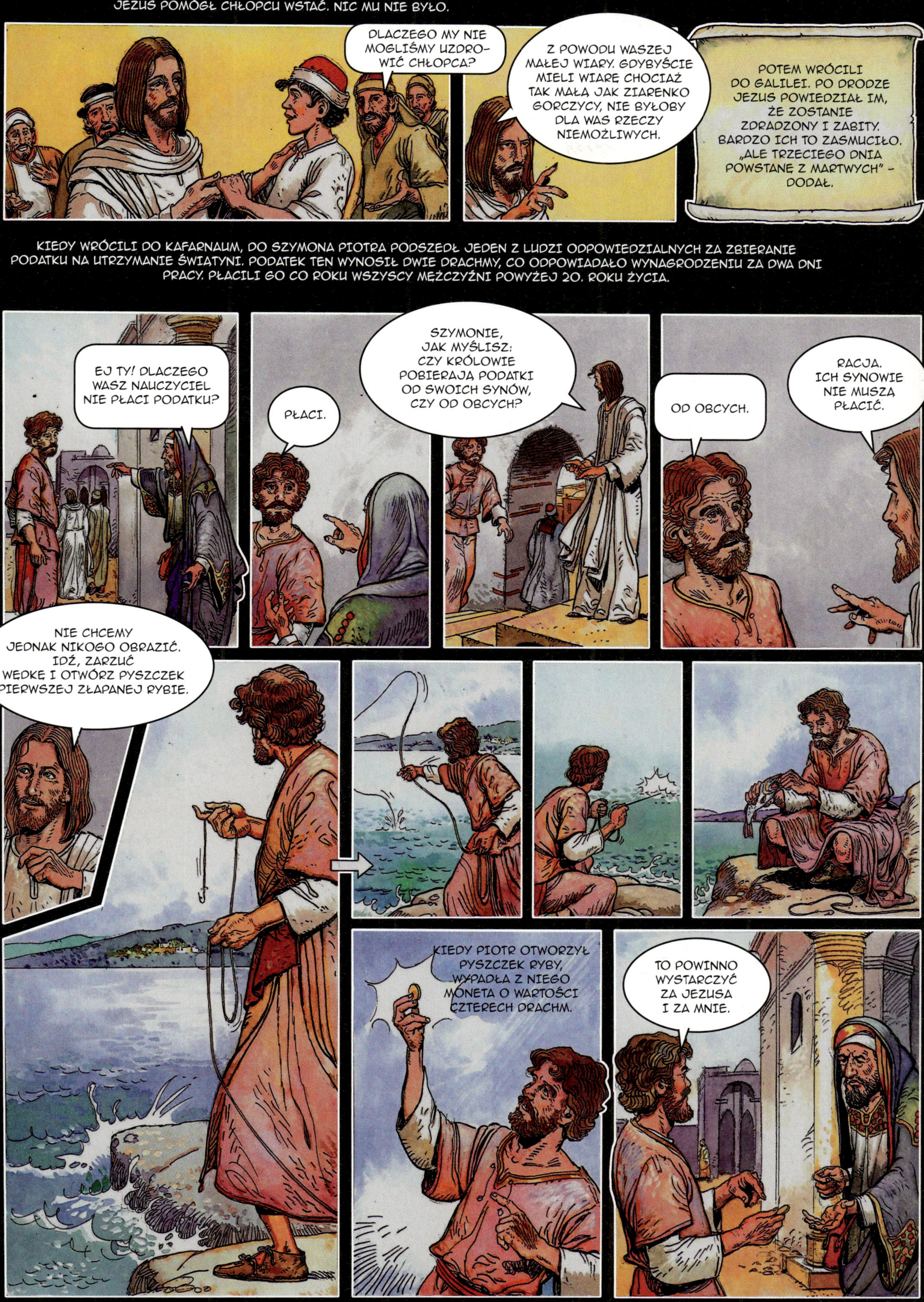
JEZUS POMÓGŁ CHŁOPCU WSTAĆ. NIC MU NIE BYŁO.
DLACZEGO MY NIE MOGLIŚMY UZDROWIĆ CHŁOPCA?
Z POWODU WASZEJ MAŁEJ WIARY. GDYBYŚCIE MIELI WIARĘ CHOCIAŻ TAK MAŁĄ JAK ZIARENKO GORCZYCY, NIE BYŁOBY DLA WAS RZECZY NIEMOŻLIWYCH.
POTEM WRÓCILI DO GALILEI. PO DRODZE JEZUS POWIEDZIAŁ IM, ŻE ZOSTANIE ZDRADZONY I ZABITY. BARDZO ICH TO ZASMUCIŁO. „ALE TRZECIEGO DNIA POWSTANĘ Z MARTWYCH” – DODAŁ.
KIEDY WRÓCILI DO KAFARNAUM, DO SZYMONA PIOTRA PODSZEDŁ JEDEN Z LUDZI ODPOWIEDZIALNYCH ZA ZBIERANIE PODATKU NA UTRZYMANIE ŚWIĄTYNI. PODATEK TEN WYNOSIŁ DWIE DRACHMY, CO ODPOWIADAŁO WYNAGRODZENIU ZA DWA DNI PRACY. PŁACILI GO CO ROKU WSZYSCY MĘŻCZYŹNI POWYŻEJ 20. ROKU ŻYCIA.
EJ TY! DLACZEGO WASZ NAUCZYCIEL NIE PŁACI PODATKU?
PŁACI.
SZYMONIE, JAK MYŚLISZ: CZY KRÓLOWIE POBIERAJĄ PODATKI OD SWOICH SYNÓW, CZY OD OBCYCH?
OD OBCYCH.
RACJA. ICH SYNOWIE NIE MUSZĄ PŁACIĆ.
NIE CHCEMY JEDNAK NIKOGO OBRAZIĆ. IDŹ, ZARZUĆ WĘDKĘ I OTWÓRZ PYSZCZEK PIERWSZEJ ZŁAPANEJ RYBIE.
KIEDY PIOTR OTWORZYŁ PYSZCZEK RYBY, WYPADŁA Z NIEGO MONETA O WARTOŚCI CZTERECH DRACHM.
TO POWINNO WYSTARCZYĆ ZA JEZUSA I ZA MNIE.

JEZUS OBSERWOWAŁ SWOICH UCZNIÓW. WIEDZIAŁ, ŻE NADAL MUSZĄ SIĘ WIELE NAUCZYĆ.
ICH ZACHOWANIE POPRAWIŁO SIĘ, ALE ICH UMYSŁY I SERCA NADAL POTRZEBOWAŁY PRZEMIANY.
O CO SIĘ SPRZECZALIŚCIE?
DYSKUTOWALIŚMY O TYM, KTO JEST NAJWIĘKSZY W KRÓLESTWIE NIEBIESKIM.
PODEJDŹ, PRZYJACIELU!
NAJWIĘKSZE JEST W NIM DZIECKO. NIE UDA WAM SIĘ NAWET ZBLIŻYĆ DO KRÓLESTWA NIEBIESKIEGO, JEŚLI SIĘ NIE ZMIENICIE I NIE STANIECIE SIĘ JAK TO DZIECKO.
NIE GARDŹCIE NIKIM, NAWET DZIEĆMI. MAJĄ ONE BOWIEM SWOICH ANIOŁÓW W NIEBIE. KAŻDY, KTO PRZYJMUJE MAŁE DZIECKO, TEN MNIE PRZYJMUJE.
A KAŻDY, KTO SIĘ UNIŻY JAK TO DZIECKO, BĘDZIE NAJWIĘKSZY W KRÓLESTWIE NIEBIESKIM.
A JEŚLI KTOŚ WYRZĄDZA INNYM KRZYWDĘ? CZY I JEGO NALEŻY DOBRZE TRAKTOWAĆ?
TAK, IDŹ I POROZMAWIAJ Z NIM. JEŚLI CIĘ POSŁUCHA, ZYSKASZ BRATA. JEŚLI NIE, WRÓĆ DO NIEGO ZE ŚWIADKAMI.
JEŚLI NADAL NIE BĘDZIE SŁUCHAŁ, PRZEDSTAW SPRAWĘ WSPÓLNOCIE.
ZAPEWNIAM WAS: JEŚLI DWAJ LUB TRZEJ ZGODNIE O COŚ POPROSZĄ NA ZIEMI, MÓJ OJCIEC W NIEBIE DA IM TO.
BO TAM, GDZIE DWAJ LUB TRZEJ GROMADZĄ SIĘ W MOJE IMIĘ, TAM JESTEM POŚRÓD NICH.

Przyjaźń i przebaczenie

JEZUS NIEUSTANNIE PRZYPOMINAŁ SWOIM UCZNIOM O KONIECZNOŚCI OKAZYWANIA BEZWARUNKOWEJ MIŁOŚCI WSZYSTKIM. NIE TYLKO PRZYJACIOŁOM, ALE TAKŻE WROGOM I PRZEŚLADOWCOM. UCZNIOWIE JEDNAK NIE ROZUMIELI, CO TAK NAPRAWDĘ PRZEZ TO ROZUMIE.
POWIEDZ MI, PANIE, ILE RAZY MAM PRZEBACZYĆ KOMUŚ, KTO NIEUSTANNIE GRZESZY PRZECIW MNIE? CZY AŻ SIEDEM RAZY?
SZYMONIE, NIE TYLKO SIEDEM RAZY, ALE SIEDEMDZIESIĄT SIEDEM RAZY, CZYLI ZAWSZE.
NADAL NIE ROZUMIESZ, NA CZYM POLEGA KRÓLESTWO NIEBIESKIE, PRAWDA? POSŁUCHAJ WIĘC TAKIEJ HISTORII: BYŁ PEWIEN KRÓL...
...KTÓRY POSTANOWIŁ UPORZĄDKOWAĆ SWOJE RACHUNKI.
TEN SŁUGA NADAL JEST MI WINIEN 10 TYSIĘCY TALENTÓW.
SPRZEDAJ GO WRAZ Z ŻONĄ I DZIEĆMI JAKO NIEWOLNIKÓW, ABY POKRYĆ JEGO DŁUG.
PANIE, ZLITUJ SIĘ NADE MNĄ. OBIECUJĘ, ŻE WSZYSTKO ODDAM.
ŻAL MI CIEBIE. PRZYCHYLĘ SIĘ DO TWOJEJ PROŚBY.
DARUJĘ CI CAŁY TWÓJ DŁUG!
W DRODZE POWROTNEJ DO DOMU SŁUGA TEN SPOTKAŁ CZŁOWIEKA, KTÓRY BYŁ MU WINIEN 100 DENARÓW...
EJ, ZACZEKAJ! JESTEŚ MI WINIEN PIENIĄDZE!
PROSZĘ, ZLITUJ SIĘ NADE MNĄ. WSZYSTKO CI ODDAM.
JEDNAK WIERZYCIEL NIE CHCIAŁ CZEKAĆ. ZASKARŻYŁ SWOJEGO DŁUŻNIKA I WTRĄCIŁ GO DO WIĘZIENIA, DOPÓKI TEN NIE ODDA DŁUGU W CAŁOŚCI.
TAKIE POSTĘPOWANIE OBURZYŁO WIELU DWORZAN KRÓLA, KTÓRZY MU O TYM DONIEŚLI.
NIEGODZIWY SŁUGO...

...DAROWAŁEM CI TAK WIELE, A TY NIE CHCIAŁEŚ PODAROWAĆ NAWET TAK NIEWIELKIEJ SUMY.
POTEM BEZLITOSNEGO SŁUGĘ WTRACONO DO WIĘZIENIA.
PODOBNIE POSTĄPI Z WAMI BÓG, JEŚLI SZCZERZE NIE PRZEBACZYCIE TYM, KTÓRZY ŹLE WAM UCZYNILI.
PEWNEGO DNIA JEZUS ZGROMADZIŁ SIEDEMDZIESIĘCIU DWÓCH UCZNIÓW I POSŁAŁ ICH, ABY NAUCZALI.
POSYŁAM WAS JAK OWCE MIĘDZY WILKI.
NAKAZAŁ IM, ABY NIC ZE SOBĄ NIE ZABIERALI I NIE TRACILI CZASU PO DRODZE.
ZA JAKIŚ CZAS...
NAWET ZŁE DUCHY BYŁY NAM POSŁUSZNE!
NIE CIESZCIE SIĘ Z TEGO, ŻE DEMONY WAM SIĘ PODDAJĄ, ALE Z TEGO, ŻE WASZE IMIONA SĄ ZAPISANE W NIEBIE.
WYSŁAWIAM CIĘ, OJCZE, ŻE UKRYŁEŚ TE RZECZY PRZED MĄDRYMI TEGO ŚWIATA! DZIĘKUJĘ, ŻE OBJAWIŁEŚ JE LUDZIOM PROSTYM!
W DRODZE NA POŁUDNIE NA POGRANICZU SAMARII I GALILEI JEZUS SPOTKAŁ DZIESIĘCIU TRĘDOWATYCH...
MISTRZU, ULITUJ SIĘ NAD NAMI!
IDŹCIE DO KAPŁANÓW I POWIEDZCIE IM, ŻE ZOSTALIŚCIE UZDROWIENI.
NIE WAHALI SIĘ ANI CHWILI.
PATRZCIE, ZOSTALIŚMY OCZYSZCZENI!
DZIĘKUJĘ CI! TO CUD. CHWAŁA BOGU!
CZY NIE DZIESIĘCIU ZOSTAŁO UZDROWIONYCH? A TYLKO TEN JEDEN SAMARYTANIN WRÓCIŁ, ABY OKAZAĆ WDZIĘCZNOŚĆ BOGU. GDZIE JEST DZIEWIĘCIU?
WSTAŃ I WRACAJ DO DOMU. TWOJA WIARA CIĘ UZDROWIŁA.

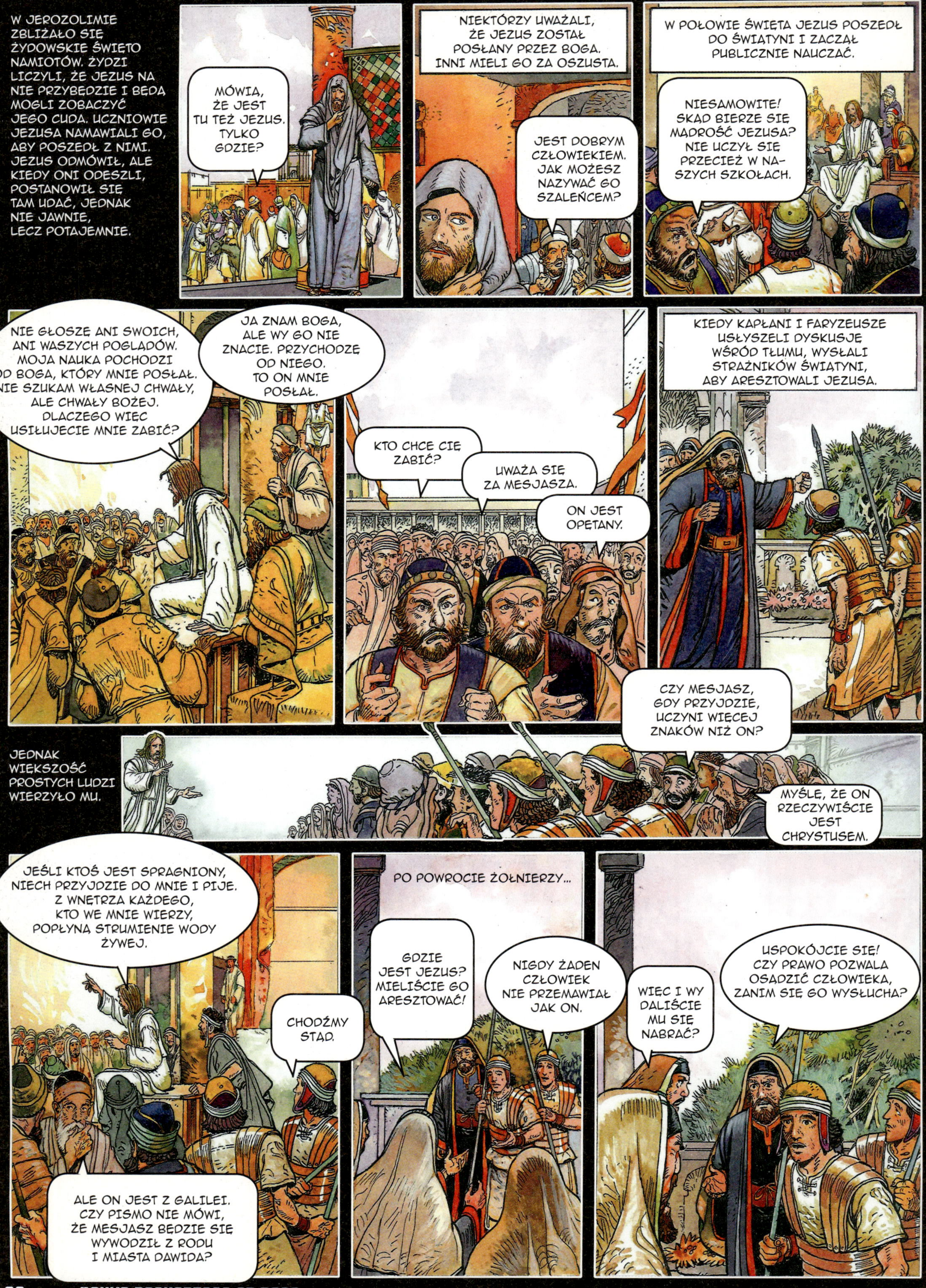
W JEROZOLIMIE ZBLIŻAŁO SIĘ ŻYDOWSKIE ŚWIĘTO NAMIOTÓW. ŻYDZI LICZYLI, ŻE JEZUS NA NIE PRZYBĘDZIE I BĘDĄ MOGLI ZOBACZYĆ JEGO CUDA. UCZNIOWIE JEZUSA NAMAWIALI GO, ABY POSZEDŁ Z NIMI. JEZUS ODMÓWIŁ, ALE KIEDY ONI ODESZLI, POSTANOWIŁ SIĘ TAM UDAĆ, JEDNAK NIE JAWNIE, LECZ POTAJEMNIE.
MÓWIĄ, ŻE JEST TU TEŻ JEZUS. TYLKO GDZIE?
NIEKTÓRZY UWAŻALI, ŻE JEZUS ZOSTAŁ POSŁANY PRZEZ BOGA. INNI MIELI GO ZA OSZUSTA.
JEST DOBRYM CZŁOWIEKIEM. JAK MOŻESZ NAZYWAĆ GO SZALEŃCEM?
W POŁOWIE ŚWIĘTA JEZUS POSZEDŁ DO ŚWIĄTYNI I ZACZĄŁ PUBLICZNIE NAUCZAĆ.
NIESAMOWITE! SKĄD BIERZE SIĘ MĄDROŚĆ JEZUSA? NIE UCZYŁ SIĘ PRZECIEŻ W NASZYCH SZKOŁACH.
NIE GŁOSZĘ ANI SWOICH, ANI WASZYCH POGLĄDÓW. MOJA NAUKA POCHODZI OD BOGA, KTÓRY MNIE POSŁAŁ. NIE SZUKAM WŁASNEJ CHWAŁY, ALE CHWAŁY BOŻEJ. DLACZEGO WIĘC USIŁUJECIE MNIE ZABIĆ?
JA ZNAM BOGA, ALE WY GO NIE ZNACIE. PRZYCHODZĘ OD NIEGO. TO ON MNIE POSŁAŁ.
KTO CHCE CIĘ ZABIĆ?
UWAŻA SIĘ ZA MESJASZA.
ON JEST OPĘTANY.
KIEDY KAPŁANI I FARYZEUSZE USŁYSZELI DYSKUSJĘ WŚRÓD TŁUMU, WYSŁALI STRAŻNIKÓW ŚWIĄTYNI, ABY ARESZTOWALI JEZUSA.
CZY MESJASZ, GDY PRZYJDZIE, UCZYNI WIĘCEJ ZNAKÓW NIŻ ON?
JEDNAK WIĘKSZOŚĆ PROSTYCH LUDZI WIERZYŁO MU.
MYŚLĘ, ŻE ON RZECZYWIŚCIE JEST CHRYSTUSEM.
JEŚLI KTOŚ JEST SPRAGNIONY, NIECH PRZYJDZIE DO MNIE I PIJE. Z WNĘTRZA KAŻDEGO, KTO WE MNIE WIERZY, POPŁYNĄ STRUMIENIE WODY ŻYWEJ.
CHODŹMY STĄD.
ALE ON JEST Z GALILEI. CZY PISMO NIE MÓWI, ŻE MESJASZ BĘDZIE SIĘ WYWODZIŁ Z RODU I MIASTA DAWIDA?
PO POWROCIE ŻOŁNIERZY...
GDZIE JEST JEZUS? MIELIŚCIE GO ARESZTOWAĆ!
NIGDY ŻADEN CZŁOWIEK NIE PRZEMAWIAŁ JAK ON.
WIĘC I WY DALIŚCIE MU SIĘ NABRAĆ?
USPOKÓJCIE SIĘ! CZY PRAWO POZWALA OSĄDZIĆ CZŁOWIEKA, ZANIM SIĘ GO WYSŁUCHA?

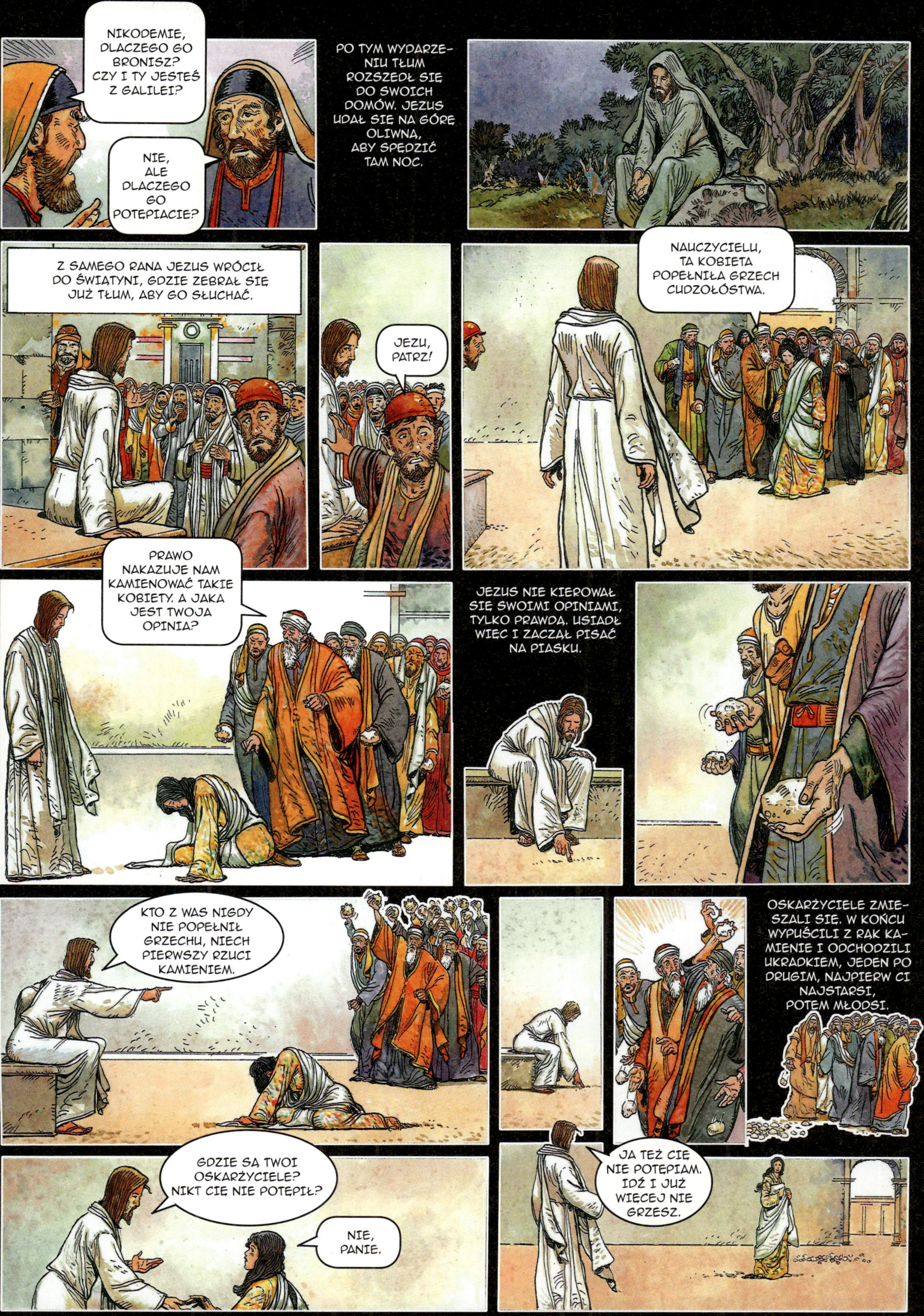
NIKODEMIE, DLACZEGO GO BRONISZ? CZY I TY JESTEŚ Z GALILEI?
NIE, ALE DLACZEGO GO POTĘPIACIE?
PO TYM WYDARZENIU TŁUM ROZSZEDŁ SIĘ DO SWOICH DOMÓW. JEZUS UDAŁ SIĘ NA GÓRĘ OLIWNĄ, ABY SPĘDZIĆ TAM NOC.
Z SAMEGO RANA JEZUS WRÓCIŁ DO ŚWIĄTYNI, GDZIE ZEBRAŁ SIĘ JUŻ TŁUM, ABY GO SŁUCHAĆ.
JEZU, PATRZ!
NAUCZYCIELU, TA KOBIETA POPEŁNIŁA GRZECH CUDZOŁÓSTWA.
PRAWO NAKAZUJE NAM KAMIENOWAĆ TAKIE KOBIETY. A JAKA JEST TWOJA OPINIA?
JEZUS NIE KIEROWAŁ SIĘ SWOIMI OPINIAMI, TYLKO PRAWDĄ. USIADŁ WIĘC I ZACZĄŁ PISAĆ NA PIASKU.
KTO Z WAS NIGDY NIE POPEŁNIŁ GRZECHU, NIECH PIERWSZY RZUCI KAMIENIEM.
OSKARŻYCIELE ZMIESZALI SIĘ. W KOŃCU WYPUŚCILI Z RĄK KAMIENIE I ODCHODZILI UKRADKIEM, JEDEN PO DRUGIM, NAJPIERW CI NAJSTARSI, POTEM MŁODSI.
GDZIE SĄ TWOI OSKARŻYCIELE? NIKT CIĘ NIE POTĘPIŁ?
NIE, PANIE.
JA TEŻ CIĘ NIE POTĘPIAM. IDŹ I JUŻ WIĘCEJ NIE GRZESZ.

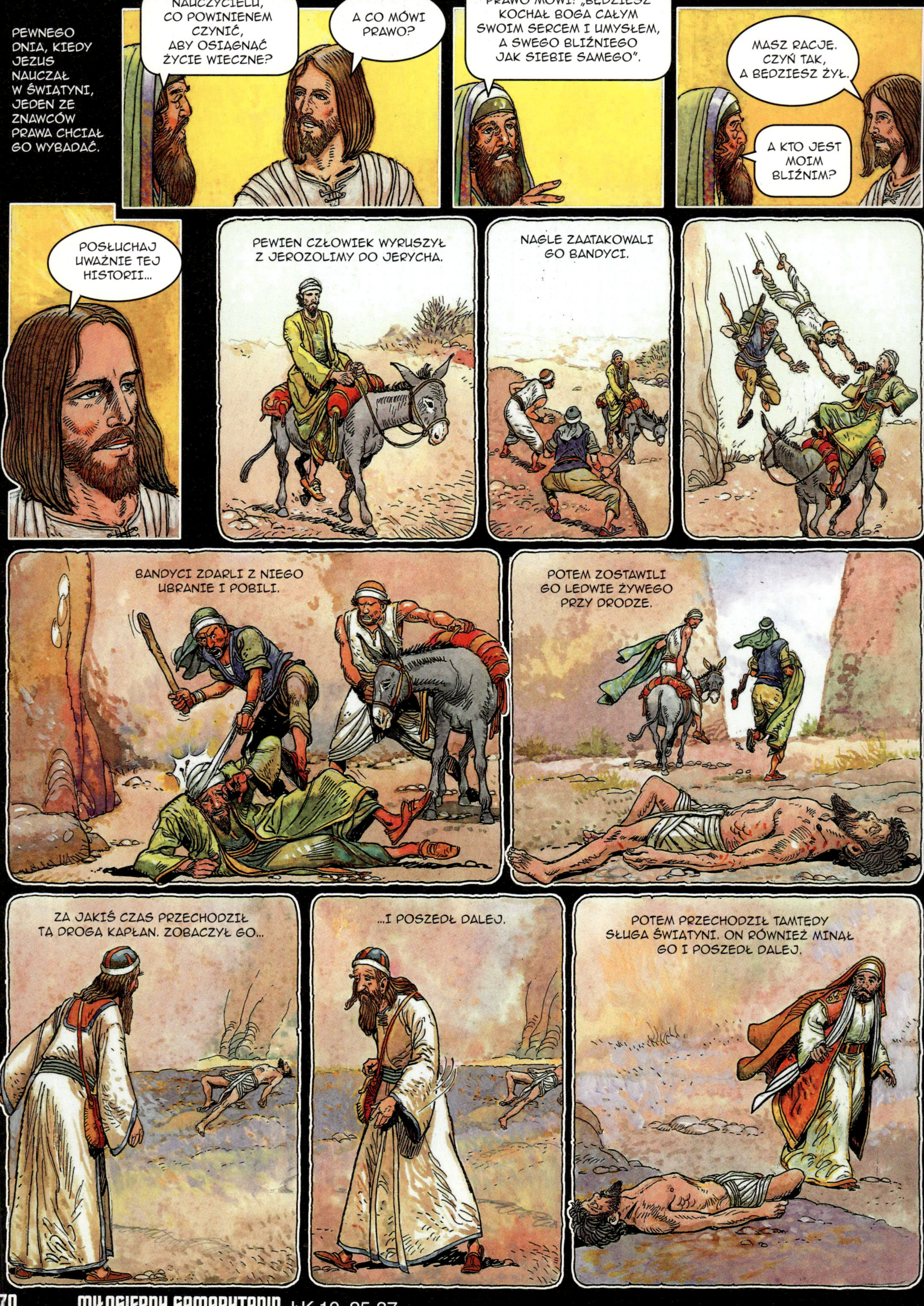
PEWNEGO DNIA, KIEDY JEZUS NAUCZAŁ W ŚWIĄTYNI, JEDEN ZE ZNAWCÓW PRAWA CHCIAŁ GO WYBADAĆ.
NAUCZYCIELU, CO POWINIENEM CZYNIĆ, ABY OSIĄGNĄĆ ŻYCIE WIECZNE?
A CO MÓWI PRAWO?
PRAWO MÓWI: „BĘDZIESZ KOCHAŁ BOGA CAŁYM SWOIM SERCEM I UMYSŁEM, A SWEGO BLIŹNIEGO JAK SIEBIE SAMEGO".
MASZ RACJĘ. CZYŃ TAK, A BĘDZIESZ ŻYŁ.
A KTO JEST MOIM BLIŹNIM?
POSŁUCHAJ UWAŻNIE TEJ HISTORII...
PEWIEN CZŁOWIEK WYRUSZYŁ Z JEROZOLIMY DO JERYCHA.
NAGLE ZAATAKOWALI GO BANDYCI.
BANDYCI ZDARLI Z NIEGO UBRANIE I POBILI.
POTEM ZOSTAWILI GO LEDWIE ŻYWEGO PRZY DRODZE.
ZA JAKIŚ CZAS PRZECHODZIŁ TĄ DROGĄ KAPŁAN. ZOBACZYŁ GO...
...I POSZEDŁ DALEJ.
POTEM PRZECHODZIŁ TAMTĘDY SŁUGA ŚWIĄTYNI. ON RÓWNIEŻ MINĄŁ GO I POSZEDŁ DALEJ.

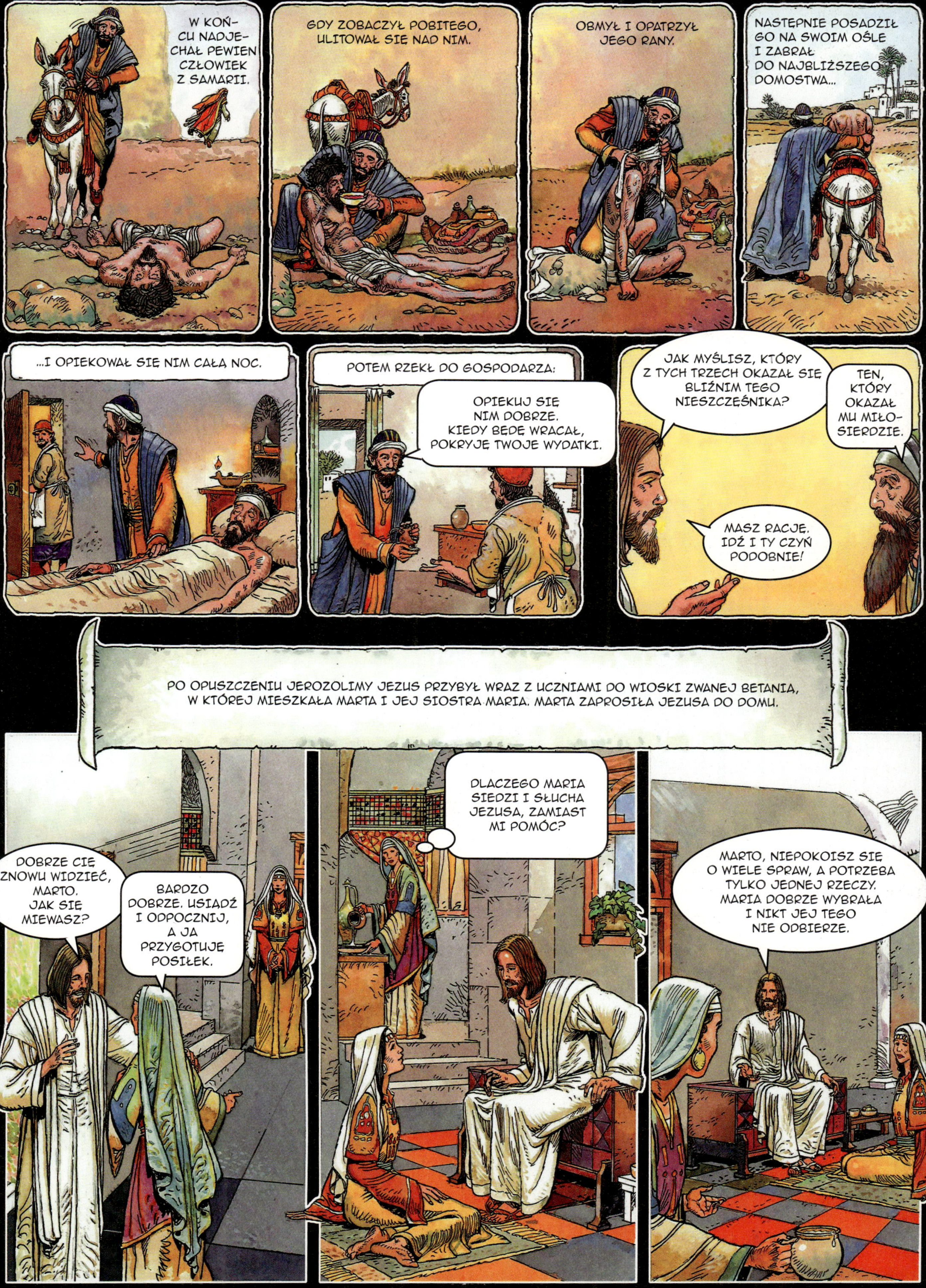
W KOŃCU NADJECHAŁ PEWIEN CZŁOWIEK Z SAMARII.
GDY ZOBACZYŁ POBITEGO, ULITOWAŁ SIĘ NAD NIM.
OBMYŁ I OPATRZYŁ JEGO RANY.
NASTĘPNIE POSADZIŁ GO NA SWOIM OŚLE I ZABRAŁ DO NAJBLIŻSZEGO DOMOSTWA...
...I OPIEKOWAŁ SIĘ NIM CAŁĄ NOC.
POTEM RZEKŁ DO GOSPODARZA:
OPIEKUJ SIĘ NIM DOBRZE. KIEDY BĘDĘ WRACAŁ, POKRYJĘ TWOJE WYDATKI.
JAK MYŚLISZ, KTÓRY Z TYCH TRZECH OKAZAŁ SIĘ BLIŹNIM TEGO NIESZCZĘŚNIKA?
TEN, KTÓRY OKAZAŁ MU MIŁOSIERDZIE.
MASZ RACJĘ. IDŹ I TY CZYŃ PODOBNIE!
PO OPUSZCZENIU JEROZOLIMY JEZUS PRZYBYŁ WRAZ Z UCZNIAMI DO WIOSKI ZWANEJ BETANIA, W KTÓREJ MIESZKAŁA MARTA I JEJ SIOSTRA MARIA. MARTA ZAPROSIŁA JEZUSA DO DOMU.
DOBRZE CIĘ ZNOWU WIDZIEĆ, MARTO. JAK SIĘ MIEWASZ?
BARDZO DOBRZE. USIĄDŹ I ODPOCZNIJ, A JA PRZYGOTUJĘ POSIŁEK.
DLACZEGO MARIA SIEDZI I SŁUCHA JEZUSA, ZAMIAST MI POMÓC?
MARTO, NIEPOKOISZ SIĘ O WIELE SPRAW, A POTRZEBA TYLKO JEDNEJ RZECZY. MARIA DOBRZE WYBRAŁA I NIKT JEJ TEGO NIE ODBIERZE.

PEWNEGO RAZU, GDY JEZUS WRÓCIŁ Z MODLITWY W SAMOTNOŚCI, JEDEN Z UCZNIÓW POPROSIŁ GO: „PANIE, NAUCZ NAS SIĘ MODLIĆ!”.
JEZUS OPOWIEDZIAŁ IM TAKĄ HISTORIĘ:
WYOBRAŹ SOBIE CZŁOWIEKA, KTÓRY MA PRZYJACIELA. JEST ŚRODEK NOCY. WSZYSCY ŚPIĄ.
NAGLE ROZLEGA SIĘ PUKANIE DO DRZWI.
PUK, PUK
OTWÓRZ DRZWI! WŁAŚNIE PRZYJECHAŁ DO MNIE PRZYJACIEL, A JA NIE MAM NIC DO JEDZENIA.
POŻYCZ MI TROCHĘ CHLEBA!
IDŹ SOBIE! JUŻ ŚPIMY. NIE MOGĘ CI TERAZ POMÓC.
PROSZĘ!
PUK, PUK
MÓWIĘ WAM: JEŚLI NAWET NIE WYSŁUCHA GO ZE WZGLĘDU NA TO, ŻE JEST JEGO PRZYJACIELEM, TO ZROBI TO Z POWODU JEGO NATRĘCTWA.
NA TYM POLEGA MODLITWA. PROŚCIE, A OTRZYMACIE.
SZUKAJCIE, A ZNAJDZIECIE.
PUKAJCIE, A OTWORZĄ WAM DRZWI.
BÓG JEST WASZYM KOCHAJĄCYM OJCEM, KTÓRY DAJE DOBRE DARY SWOIM DZIECIOM.
ON DA DUCHA ŚWIĘTEGO TYM, KTÓRZY GO O TO PROSZĄ.
PEWNEGO DNIA SPOTKALI CZŁOWIEKA NIEWIDOMEGO OD URODZENIA. UCZNIOWIE ZACZĘLI WIĘC DYSKUTOWAĆ O TYM, DLACZEGO NIEKTÓRZY NIEWINNI LUDZIE CIERPIĄ.
NAUCZYCIELU, DLACZEGO URODZIŁ SIĘ NIEWIDOMY? CZY TO KARA? KTO ZGRZESZYŁ, ON CZY JEGO RODZICE?
NIE. STAŁO SIĘ TAK, ABY W NIM UKAZAŁY SIĘ DZIEŁA BOŻE.
JA JESTEM ŚWIATŁOŚCIĄ ŚWIATA. SPRAWIĘ, ŻE PRZEJRZYSZ.
JEZUS SPLUNĄŁ NA ZIEMIĘ...
...I ZROBIŁ BŁOTO ZE ŚLINY I ZIEMI.
POTEM NAŁOŻYŁ JE NA POWIEKI NIEWIDOMEGO.
IDŹ I OBMYJ OCZY W SADZAWCE SILOE.
NIEWIDOMY ZAUFAŁ JEZUSOWI I POSZEDŁ DO SADZAWKI SILOE...

POWOLI ZBLIŻYŁ SIĘ DO BRZEGU SADZAWKI I SCHYLIŁ SIĘ...
WIDZĘ!
TO CUD!
JAK TO?! TY WIDZISZ?
WYGLĄDA ZUPEŁNIE JAK TEN NIEWIDOMY ŻEBRAK, KTÓREGO ZNAMY.
BO TO JA. JEZUS MNIE UZDROWIŁ!
CO SIĘ STAŁO?
JEZUS POŁOŻYŁ BŁOTO NA MOJE OCZY I SPRAWIŁ, ŻE WIDZĘ!
LEPIEJ ZAPROWADŹMY CIĘ DO FARYZEUSZÓW.
A WSZYSTKO TO WYDARZYŁO SIĘ W SZABAT.
TEN JEZUS NIE MOŻE POCHODZIĆ OD BOGA, JEŚLI PRACUJE W SZABAT.
ALE CZY ZWYKŁY CZŁOWIEK CZYNIŁBY TAKIE CUDA?
KIM WEDŁUG CIEBIE JEST JEZUS?
MYŚLĘ, ŻE JEST PROROKIEM BOŻYM.
DZIWNA SPRAWA. POROZMAWIAJMY Z JEGO RODZICAMI.
CZY MOŻECIE POTWIERDZIĆ, ŻE WASZ SYN URODZIŁ SIĘ NIEWIDOMY?
TAK, PANIE, CAŁKOWICIE. ALE NIE WIEMY, JAK TO SIĘ STAŁO, ŻE WIDZI. NIECH ON SAM POWIE.
MÓW PRAWDĘ! CZY TEN GRZESZNIK CIĘ UZDROWIŁ?
WIEM TYLKO TO, ŻE WIDZĘ. DLACZEGO MNIE WYPYTUJECIE? CZY I WY CHCECIE ZOSTAĆ JEGO UCZNIAMI?
NIE BĄDŹ BEZCZELNY! JESTEŚMY UCZNIAMI MOJŻESZA, A NIE KOGOŚ, O KIM NIC NIE WIEMY.
TO WASZ PROBLEM. WIEM, ŻE MNIE UZDROWIŁ, A SKORO MNIE UZDROWIŁ, MUSI POCHODZIĆ OD BOGA.
GRZESZNIKU! CHCESZ NAS POUCZAĆ? IDŹ PRECZ!

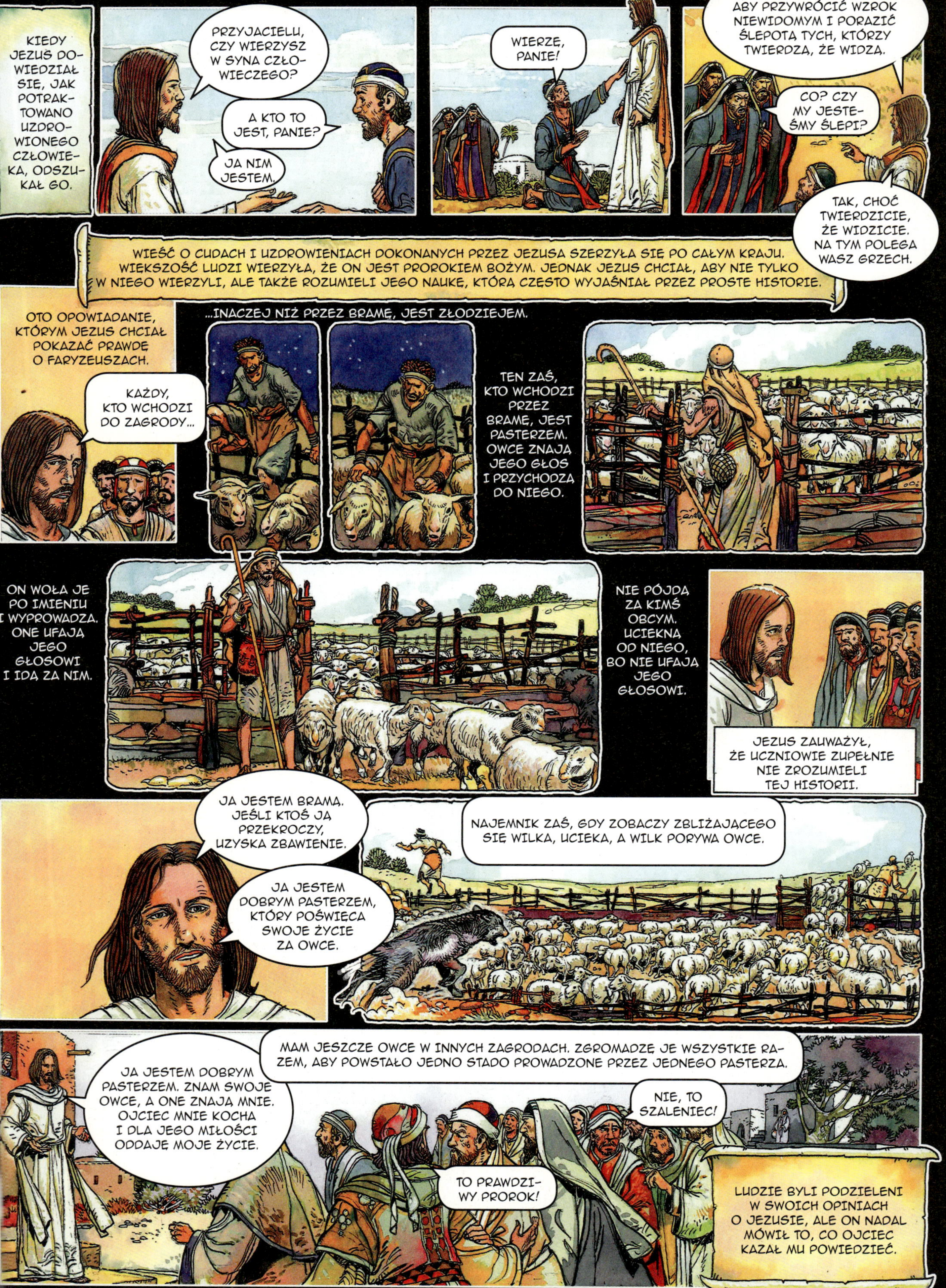
KIEDY JEZUS DOWIEDZIAŁ SIĘ, JAK POTRAKTOWANO UZDROWIONEGO CZŁOWIEKA, ODSZUKAŁ GO.
PRZYJACIELU, CZY WIERZYSZ W SYNA CZŁOWIECZEGO?
A KTO TO JEST, PANIE?
JA NIM JESTEM.
WIERZĘ, PANIE!
PRZYSZEDŁEM NA ŚWIAT, ABY PRZYWRÓCIĆ WZROK NIEWIDOMYM I PORAZIĆ ŚLEPOTĄ TYCH, KTÓRZY TWIERDZĄ, ŻE WIDZĄ.
CO? CZY MY JESTEŚMY ŚLEPI?
TAK, CHOĆ TWIERDZICIE, ŻE WIDZICIE. NA TYM POLEGA WASZ GRZECH.
WIEŚĆ O CUDACH I UZDROWIENIACH DOKONANYCH PRZEZ JEZUSA SZERZYŁA SIĘ PO CAŁYM KRAJU. WIĘKSZOŚĆ LUDZI WIERZYŁA, ŻE ON JEST PROROKIEM BOŻYM. JEDNAK JEZUS CHCIAŁ, ABY NIE TYLKO W NIEGO WIERZYLI, ALE TAKŻE ROZUMIELI JEGO NAUKĘ, KTÓRĄ CZĘSTO WYJAŚNIAŁ PRZEZ PROSTE HISTORIE.
OTO OPOWIADANIE, KTÓRYM JEZUS CHCIAŁ POKAZAĆ PRAWDĘ O FARYZEUSZACH.
KAŻDY, KTO WCHODZI DO ZAGRODY...
...INACZEJ NIŻ PRZEZ BRAMĘ, JEST ZŁODZIEJEM.
TEN ZAŚ, KTO WCHODZI PRZEZ BRAMĘ, JEST PASTERZEM. OWCE ZNAJĄ JEGO GŁOS I PRZYCHODZĄ DO NIEGO.
ON WOŁA JE PO IMIENIU I WYPROWADZA. ONE UFAJĄ JEGO GŁOSOWI I IDĄ ZA NIM.
NIE PÓJDĄ ZA KIMŚ OBCYM. UCIEKNĄ OD NIEGO, BO NIE UFAJĄ JEGO GŁOSOWI.
JEZUS ZAUWAŻYŁ, ŻE UCZNIOWIE ZUPEŁNIE NIE ZROZUMIELI TEJ HISTORII.
JA JESTEM BRAMĄ. JEŚLI KTOŚ JĄ PRZEKROCZY, UZYSKA ZBAWIENIE.
JA JESTEM DOBRYM PASTERZEM, KTÓRY POŚWIĘCA SWOJE ŻYCIE ZA OWCE.
NAJEMNIK ZAŚ, GDY ZOBACZY ZBLIŻAJĄCEGO SIĘ WILKA, UCIEKA, A WILK PORYWA OWCE.
JA JESTEM DOBRYM PASTERZEM. ZNAM SWOJE OWCE, A ONE ZNAJĄ MNIE. OJCIEC MNIE KOCHA I DLA JEGO MIŁOŚCI ODDAJĘ MOJE ŻYCIE.
MAM JESZCZE OWCE W INNYCH ZAGRODACH. ZGROMADZĘ JE WSZYSTKIE RAZEM, ABY POWSTAŁO JEDNO STADO PROWADZONE PRZEZ JEDNEGO PASTERZA.
NIE, TO SZALENIEC!
TO PRAWDZIWY PROROK!
LUDZIE BYLI PODZIELENI W SWOICH OPINIACH O JEZUSIE, ALE ON NADAL MÓWIŁ TO, CO OJCIEC KAZAŁ MU POWIEDZIEĆ.

ZBLIŻAŁY SIĘ OBCHODY UROCZYSTOŚCI POŚWIĘCENIA ŚWIĄTYNI I JEZUS SPĘDZAŁ W NIEJ DUŻO CZASU. STARAŁ SIĘ JEDNAK NIE RZUCAĆ W OCZY. PEWNEGO DNIA OTOCZYŁA GO GRUPKA ROZGNIEWANYCH ŻYDÓW...
JAK DŁUGO BĘDZIESZ NAS TRZYMAŁ W NIEPEWNOŚCI? POWIEDZ, CZY JESTEŚ CHRYSTUSEM?
JUŻ WAM POWIEDZIAŁEM, ALE MI NIE UWIERZYLIŚCIE.
NIE NALEŻYCIE DO MOICH OWIEC. MOJE OWCE SŁUCHAJĄ MNIE I PODĄŻAJĄ ZA MNĄ. JA DAJĘ IM ŻYCIE WIECZNE I NIGDY ICH NIE ZDRADZĘ.
OJCIEC MI JE DAŁ I NIKT MI ICH NIE ODBIERZE.
TAK, JA I OJCIEC JESTEŚMY JEDNOŚCIĄ.
NAZYWASZ BOGA SWOIM OJCEM?
NAWET PROROCY NIE MÓWILI TAKICH RZECZY.
TO BLUŹNIERSTWO!
ZABIĆ GO!
CZY NIE ZROBIŁEM DLA WAS WIELU DOBRYCH RZECZY? ZA KTÓRĄ CHCECIE MNIE ZABIĆ?
CZY NIE CZYTALIŚCIE W PIŚMIE, ŻE WSZYSCY JESTEŚMY DZIEĆMI BOŻYMI?
ZANIM ZDĄŻYLI GO POJMAĆ, ODDALIŁ SIĘ I UDAŁ NA DRUGĄ STRONĘ JORDANU, TAM, GDZIE JAN NA POCZĄTKU CHRZCIŁ LUDZI. CI, KTÓRZY POSZLI ZA NIM, MÓWILI: „WSZYSTKO, CO JAN O NIM OPOWIADAŁ, TO BYŁA PRAWDA".
MISTRZU!
CHODŹ SZYBKO! TWÓJ PRZYJACIEL ŁAZARZ, BRAT MARII I MARTY, JEST BARDZO CHORY.
TA CHOROBA NIE ZMIERZA KU ŚMIERCI, ALE KU CHWALE BOGA I JEGO SYNA.
JEZUS NIE WYRUSZYŁ OD RAZU W DROGĘ. PRZEZ KOLEJNE DWA DNI POZOSTAŁ TAM, GDZIE BYŁ. POTEM...
WRACAJMY DO JUDEI.
CO Z ŁAZARZEM?
PANIE, ZALEDWIE KILKA DNI TEMU ŻYDZI W JUDEI CHCIELI CIĘ ZABIĆ. PO CO RYZYKOWAĆ I WRACAĆ DO JUDEI?
ZARYZYKUJMY. PO DRODZE ODWIEDZIMY ŁAZARZA I OBUDZĘ GO ZE SNU.
GDY JEZUS MÓWIŁ O ŚNIE, MIAŁ NA MYŚLI ŚMIERĆ. CHCIAŁ WSKRZESIĆ ŁAZARZA Z MARTWYCH, ABY UMOCNIĆ ICH WIARĘ.
MARTO, JEZUS IDZIE!
JEZUSIE, GDZIE BYŁEŚ?

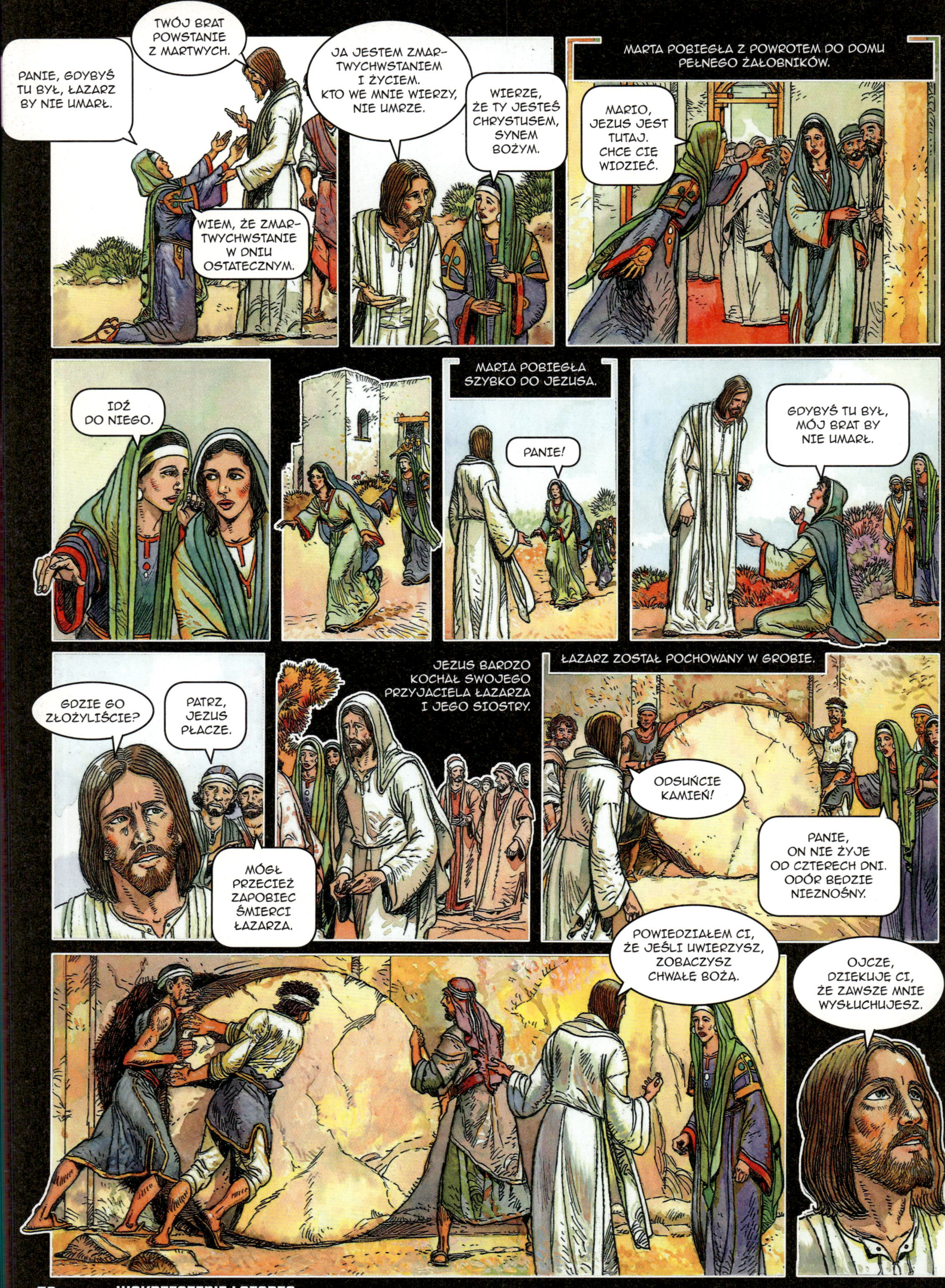
PANIE, GDYBYŚ TU BYŁ, ŁAZARZ BY NIE UMARŁ.
TWÓJ BRAT POWSTANIE Z MARTWYCH.
WIEM, ŻE ZMARTWYCHWSTANIE W DNIU OSTATECZNYM.
JA JESTEM ZMARTWYCHWSTANIEM I ŻYCIEM. KTO WE MNIE WIERZY, NIE UMRZE.
WIERZĘ, ŻE TY JESTEŚ CHRYSTUSEM, SYNEM BOŻYM.
MARTA POBIEGŁA Z POWROTEM DO DOMU PEŁNEGO ŻAŁOBNIKÓW.
MARIO, JEZUS JEST TUTAJ. CHCE CIĘ WIDZIEĆ.
IDŹ DO NIEGO.
MARIA POBIEGŁA SZYBKO DO JEZUSA.
PANIE!
GDYBYŚ TU BYŁ, MÓJ BRAT BY NIE UMARŁ.
GDZIE GO ZŁOŻYLIŚCIE?
PATRZ, JEZUS PŁACZE.
MÓGŁ PRZECIEŻ ZAPOBIEC ŚMIERCI ŁAZARZA.
JEZUS BARDZO KOCHAŁ SWOJEGO PRZYJACIELA ŁAZARZA I JEGO SIOSTRY.
ŁAZARZ ZOSTAŁ POCHOWANY W GROBIE.
ODSUŃCIE KAMIEŃ!
PANIE, ON NIE ŻYJE OD CZTERECH DNI. ODÓR BĘDZIE NIEZNOŚNY.
POWIEDZIAŁEM CI, ŻE JEŚLI UWIERZYSZ, ZOBACZYSZ CHWAŁĘ BOŻĄ.
OJCZE, DZIĘKUJĘ CI, ŻE ZAWSZE MNIE WYSŁUCHUJESZ.

ŁAZARZU, WYJDŹ!
ROZWIĄŻCIE GO I POZWÓLCIE MU CHODZIĆ!
Z POWODU TEGO CUDU WIELU ŻYDÓW UWIERZYŁO W NIEGO. INNI BYLI OBURZENI I POINFORMOWALI FARYZEUSZÓW I KAPŁANÓW O TYM, CO SIĘ STAŁO. ZWOŁANO WIĘC WYSOKĄ RADĘ.
CO MAMY ROBIĆ? JEŚLI TO WYMKNIE SIĘ SPOD KONTROLI, RZYMIANIE MOGĄ ZAMKNĄĆ NASZĄ ŚWIĄTYNIĘ I ZNISZCZYĆ NASZ NARÓD.
KAJFASZ, NAJWYŻSZY KAPŁAN, ZABRAŁ GŁOS...
WYDAJE MI SIĘ, ŻE LEPIEJ BĘDZIE, JEŚLI JEDEN CZŁOWIEK UMRZE ZA NARÓD, NIŻ JEŚLI CAŁY NARÓD MIAŁBY ZGINĄĆ PRZEZ JEDNEGO CZŁOWIEKA.
KAJFASZ NAWET NIE ZDAWAŁ SOBIE SPRAWY, JAK PROROCZE BYŁY JEGO SŁOWA. POWIEDZIAŁ PRZEZ TO, ŻE JEZUS UMRZE ZA SWÓJ LUD – NIE TYLKO ZA NARÓD ŻYDOWSKI, ALE ABY WSZYSTKIE ROZPROSZONE DZIECI BOŻE ZGROMADZIĆ W JEDNO.
TEGO DNIA PODJĘLI DECYZJĘ, ABY ZABIĆ JEZUSA. JEZUS PRZESTAŁ POKAZYWAĆ SIĘ PUBLICZNIE I UDAŁ SIĘ DO MIEJSCOWOŚCI POŁOŻONEJ W POBLIŻU PUSTYNI.

W MAŁEJ GALILEJSKIEJ MIEJSCOWOŚCI, Z DALA OD WYSOKIEJ RADY, JEZUS NAUCZAŁ W SYNAGODZE. BYŁ AKURAT SZABAT, DZIEŃ ODPOCZYNKU. WŚRÓD SŁUCHACZY JEZUS DOSTRZEGŁ PRZYGARBIONĄ KOBIETĘ. POWIEDZIAŁA MU, ŻE CHORUJE NA TĘ DOLEGLIWOŚĆ OD OSIEMNASTU LAT.
KOBIETO, JESTEŚ UWOLNIONA OD SWOJEJ DOLEGLIWOŚCI!
CHWAŁA BOGU, JESTEM ZDROWA!
JEST SZEŚĆ DNI, KIEDY NALEŻY PRACOWAĆ. DLACZEGO NIE PRZYJDZIECIE W TE DNI, ABY SIĘ LECZYĆ?
OBŁUDNICY! O SWOJE ZWIERZĘTA DBACIE NAWET W SZABAT.
A NIE JEST WAM ŻAL TEJ BIEDNEJ KOBIETY, KTÓRĄ SZATAN WIĘZIŁ OD OSIEMNASTU LAT.
JEZUS JESZCZE RAZ ZAMKNĄŁ USTA SWOIM PRZECIWNIKOM.
PANIE, CZY TYLKO NIELICZNI BĘDĄ ZBAWIENI?
BRAMA DO NIEBA JEST CIASNA. WIELU BĘDZIE PRÓBOWAŁO WEJŚĆ, ALE NIE ZDOŁAJĄ.
BĘDĄ PUKAĆ I WOŁAĆ:
PANIE, OTWÓRZ NAM!
PUK PUK
IDŹCIE STĄD! NIE ZNAM WAS.
TRZASK!
CHOĆ BĘDĄ TWIERDZIĆ, ŻE GO ZNAJĄ, ON ODEŚLE ICH W MIEJSCE PEŁNE SMUTKU I CIERPIENIA.
PRZYBĘDĄ LUDZIE Z NAJDALSZYCH KRAŃCÓW ZIEMI, WEJDĄ DO ŚRODKA I BĘDĄ UCZTOWAĆ W KRÓLESTWIE BOŻYM ZE WSZYSTKIMI PATRIARCHAMI I PROROKAMI.
ALE CI, KTÓRZY POPEŁNIALI NIEPRAWOŚĆ, POZOSTANĄ NIESZCZĘŚLIWI NA ZEWNĄTRZ. TAK PIERWSI BĘDĄ OSTATNIMI, A OSTATNI PIERWSZYMI.
PEWNEGO RAZU JEZUS ZOSTAŁ ZAPROSZONY NA WIECZORNY POSIŁEK DO DOMU SZANOWANEGO FARYZEUSZA. WŚRÓD GOŚCI BYŁ MĘŻCZYZNA CIERPIĄCY NA NIESPOTYKANĄ CHOROBĘ...
BYŁ SZABAT, ALE DLA JEZUSA JAK ZWYKLE NIE MIAŁO TO ZNACZENIA.
BĄDŹ ZDROWY!
GOSPODARZ JEZUSA POCZUŁ SIĘ URAŻONY, ALE NIC NIE POWIEDZIAŁ.
JEŚLI KOMUŚ Z WAS WPADŁOBY DO STUDNI DZIECKO LUB ZWIERZĘ, CZY ZARAZ BY GO NIE WYCIĄGNĄŁ, NAWET W SZABAT?
FARYZEUSZE NIE WIEDZIELI, JAK MU ODPOWIEDZIEĆ.

PEWNEGO RAZU PODCZAS GOŚCINY JEZUS ZAUWAŻYŁ, JAK NIEKTÓRZY SZYBKO ZAJMUJĄ NAJLEPSZE MIEJSCA PRZY GOSPODARZU.
KIEDY KTOŚ CIĘ ZAPROSI NA UCZTĘ, NIE ZAJMUJ NAJLEPSZEGO MIEJSCA.
MOŻE KTOŚ WAŻNIEJSZY OD CIEBIE RÓWNIEŻ ZOSTAŁ ZAPROSZONY?
TO MIEJSCE JEST ZAREZERWOWANE DLA NIEGO. USTĄP MU, PROSZĘ.
USIĄDŹ RACZEJ NA OSTATNIM MIEJSCU...
...ABY GOSPODARZ PODSZEDŁ DO CIEBIE I POWIEDZIAŁ: „ZAJMIJ LEPSZE MIEJSCE!".
DZIĘKI TEMU SPOTKA CIĘ ZASZCZYT WOBEC POZOSTAŁYCH GOŚCI.
A TY, GOSPODARZU, KIEDY WYDAJESZ PRZYJĘCIE, NIE ZAPRASZAJ TYLKO TYCH, KTÓRZY MOGĄ CIĘ POTEM ZAPROSIĆ DO SIEBIE.
ZAPROŚ UBOGICH, UŁOMNYCH, KULAWYCH I NIEWIDOMYCH. BYĆ MOŻE NIE PRZYSPORZY CI TO UZNANIA, ALE BĘDZIESZ DUŻO SZCZĘŚLIWSZY.
POSŁUCHAJCIE TEJ HISTORII: PEWIEN CZŁOWIEK WYPRAWIAŁ WIELKĄ UCZTĘ I ZAPROSIŁ WIELU LUDZI. POTEM WYSŁAŁ SWOJEGO SŁUGĘ...
PRZYJDŹCIE NA UCZTĘ MOJEGO PANA!
ONI JEDNAK MIELI RÓŻNE WYMÓWKI.
PRZYKRO MI, JESTEM ZAJĘTY. NIE MOGĘ PRZYJŚĆ.
JEDEN POWIEDZIAŁ, ŻE WŁAŚNIE KUPIŁ POLE, DRUGI, ŻE KUPIŁ BYDŁO, A TRZECI, ŻE WŁAŚNIE SIĘ OŻENIŁ...
PANIE, NIKT NIE MOŻE PRZYJŚĆ NA TWOJĄ UCZTĘ.
W TAKIM RAZIE WYJDŹ SZYBKO NA ULICE I ZAPROŚ UBOGICH, UŁOMNYCH, ŚLEPYCH I KULAWYCH!
TAK TEŻ UCZYNIŁ.
PANIE, JEST JESZCZE MIEJSCE.
IDŹ ZATEM NA DROGI PROWADZĄCE DO MIASTA, ZAJRZYJ W CIEMNE ZAUŁKI I ZAPRASZAJ KAŻDEGO, KOGO SPOTKASZ.
WRESZCIE DOM ZAPEŁNIŁ SIĘ GOŚĆMI.
MÓWIĘ WAM, NIKT Z TYCH, KTÓRZY BYLI NAJPIERW ZAPROSZENI, NIE SKOSZTUJE UCZTY, KTÓRĄ PRZYGOTOWANO W KRÓLESTWIE BOŻYM.

Droga ucznia Jezusa

WOKÓŁ JEZUSA GROMADZIŁO SIĘ CORAZ WIĘCEJ LUDZI. PEWNEGO DNIA ZWRÓCIŁ SIĘ DO NICH I POWIEDZIAŁ IM, CO TO ZNACZY BYĆ JEGO UCZNIEM...
NIE MOŻECIE BYĆ MOIMI UCZNIAMI, JEŚLI NIE KOCHACIE MNIE BARDZIEJ NIŻ SIEBIE I SWOJEJ RODZINY. NAJPIERW MUSICIE WZIĄĆ SWÓJ KRZYŻ I IŚĆ ZA MNĄ.
TO TRUDNE SŁOWA, PANIE.
RACJA. TO WYMAGA UFNOŚCI...
...I POSŁUSZEŃSTWA. NIE ZACZYNAJCIE, DOPÓKI NIE OSZACUJECIE KOSZTÓW. JEŚLI KTOŚ PLANUJE ZBUDOWAĆ WIEŻĘ, TO NAJPIERW OBLICZA, CZY WYSTARCZY MU PIENIĘDZY NA JEJ UKOŃCZENIE.
PANIE, CZY OSZACOWAŁEŚ BUDŻET?
NIE.
PRZYKRO MI, NIE MAMY JUŻ PIENIĘDZY!
ALBO WYOBRAŹCIE SOBIE KRÓLA, KTÓRY CHCE IŚĆ NA WOJNĘ. ZANIM TO ZROBI, ZASTANAWIA SIĘ, ILU ŻOŁNIERZY BĘDZIE POTRZEBOWAŁ.
NASZA ARMIA JEST ZA MAŁA. POŚLIJMY LEPIEJ POSELSTWO, ABY NEGOCJOWAĆ POKÓJ.
TAKIMI PRAWAMI RZĄDZI SIĘ ŚWIAT. WY ZAŚ NIE MOŻECIE ZOSTAĆ MOIMI UCZNIAMI, JEŚLI NIE WYRZEKNIECIE SIĘ WSZYSTKIEGO, NAWET WŁASNEGO ŻYCIA.
BÓG TROSZCZY SIĘ O WAS. JEST JAK PASTERZ, KTÓRY DBA O SWOJE OWCE.
POWIEDZMY, ŻE KTOŚ Z WAS MA STO OWIEC, A JEDNA Z NICH SIĘ ZGUBI. CZY NIE ZOSTAWI DZIEWIĘĆDZIESIĘCIU DZIEWIĘCIU I NIE PÓJDZIE SZUKAĆ TEJ ZAGINIONEJ?
A GDY JĄ ZNAJDZIE, ZANIESIE DO DOMU...
...I ZAWOŁA DO PRZYJACIÓŁ: „CIESZCIE SIĘ ZE MNĄ! ZNALAZŁEM MOJĄ ZAGINIONĄ OWCĘ!".
TAK SAMO W NIEBIE BARDZIEJ SIĘ UCIESZĄ Z GRZESZNIKA, KTÓRY SIĘ NAWRACA, NIŻ Z DZIEWIĘĆDZIESIĘCIU DZIEWIĘCIU PORZĄDNYCH LUDZI, KTÓRZY NIE POTRZEBUJĄ NAWRÓCENIA.
PEWNA KOBIETA ZGUBIŁA CENNĄ MONETĘ. NATYCHMIAST ZAPALIŁA ŚWIATŁO I SZUKAŁA JEJ, AŻ...
...ZNALAZŁA.
„CIESZCIE SIĘ ZE MNĄ – MÓWIŁA. – ZNALAZŁAM ZGUBIONĄ MONETĘ".
MÓWIĘ WAM: TAK SAMO ANIOŁOWIE W NIEBIE BĘDĄ SIĘ CIESZYĆ Z JEDNEGO GRZESZNIKA, KTÓRY SIĘ NAWRACA.

A OTO INNA HISTORIA: PEWIEN CZŁOWIEK MIAŁ DWÓCH SYNÓW.
KTÓREGOŚ DNIA MŁODSZY SYN PRZYSZEDŁ DO OJCA...
OJCZE, DAJ MI, PROSZĘ, MOJĄ CZĘŚĆ MAJĄTKU.
OJCIEC ROZDZIELIŁ WIĘC SWÓJ MAJĄTEK POMIĘDZY DWÓCH SYNÓW...
...A MŁODSZY SYN POJECHAŁ SZUKAĆ SZCZĘŚCIA W DALEKIM KRAJU.
TAM ROZTRWONIŁ PIENIĄDZE NA ROZRYWKOWE ŻYCIE.
NA ZDROWIE!
PÓŹNIEJ W KRAJU TYM ZAPANOWAŁ WIELKI GŁÓD.
NIE MAM JUŻ PIENIĘDZY, A MOI PRZYJACIELE ODESZLI. MUSZĘ ŻEBRAĆ.
WYNOŚ SIĘ! NIE MOŻEMY CI POMÓC.
PO JAKIMŚ CZASIE ZNALAZŁ PRACĘ.
PANIE, BĘDĘ ROBIŁ, CO ZECHCESZ.
POSŁANO GO WIĘC DO ŚWIŃ.
JESTEM TAK GŁODNY, ŻE ZJADŁBYM KARMĘ DLA ŚWIŃ.
CIĘŻKIE ŻYCIE SPRAWIŁO, ŻE SIĘ ZASTANOWIŁ.
PRACOWNICY MOJEGO OJCA MAJĄ POD DOSTATKIEM JEDZENIA, A JA TU UMIERAM Z GŁODU.
WRACAM DO DOMU!
WSTAŁ WIĘC I RUSZYŁ DO DOMU, DO SWEGO OJCA.

KIEDY JESZCZE BYŁ DALEKO, OJCIEC ZOBACZYŁ, ŻE NADCHODZI...
...I POBIEGŁ GO PRZYWITAĆ I PRZYJĄĆ Z POWROTEM W DOMU.
MÓJ SYNU!
OJCZE, ZGRZESZYŁEM PRZECIWKO BOGU I WYRZĄDZIŁEM KRZYWDĘ TOBIE. JUŻ NIE JESTEM GODNY NAZYWAĆ SIĘ TWOIM SYNEM.
ALE OJCIEC WEZWAŁ SŁUŻĄCYCH...
PRĘDKO! PRZYNIEŚCIE NAJLEPSZE UBRANIE I ZAŁÓŻCIE MU. WŁÓŻCIE MU PIERŚCIEŃ NA PALEC I SANDAŁY NA NOGI.
PRZYGOTUJCIE TEŻ PYSZNY POSIŁEK. TRZEBA ŚWIĘTOWAĆ, PONIEWAŻ MÓJ SYN, KTÓRY BYŁ UZNAWANY ZA UMARŁEGO, ŻYJE.
TYMCZASEM STARSZY SYN WRÓCIŁ Z POLA. KIEDY ZBLIŻAŁ SIĘ DO DOMU, USŁYSZAŁ GŁOŚNĄ MUZYKĘ...
CO SIĘ DZIEJE?
TWÓJ BRAT WRÓCIŁ DO DOMU!
OJCZE, POSŁUCHAJ MNIE! PRZEZ TE WSZYSTKIE LATA WIERNIE CI SŁUŻYŁEM, ALE TY NIE DAŁEŚ MI NAWET KOŹLĘCIA, ABYM JE UPIEKŁ I ZJADŁ Z PRZYJACIÓŁMI.
A GDY WRÓCIŁ SYN, KTÓRY ROZTRWONIŁ TWÓJ MAJĄTEK, TY ORGANIZUJESZ PRZYJĘCIE!
MÓJ SYNU, TY JESTEŚ PRZY MNIE KAŻDEGO DNIA I WSZYSTKO, CO MAM, JEST TWOJE. CZY NIE POWINNIŚMY SIĘ JEDNAK CIESZYĆ, ŻE ODNALAZŁ SIĘ TWÓJ ZAGUBIONY BRAT?

OTO INNA HISTORIA OPOWIEDZIANA PRZEZ JEZUSA. JEJ BOHATEREM JEST ŁAZARZ, ŻEBRAK, KTÓRY LEŻAŁ POD DOMEM BOGACZA.
BOGACZ MÓGŁ JEŚĆ WSZYSTKO, NA CO TYLKO MIAŁ OCHOTĘ, GDY TYMCZASEM ŻEBRAK ZJADAŁ RESZKI Z JEGO STOŁU. CIAŁO ŁAZARZA BYŁO POKRYTE WRZODAMI, A DZIKIE PSY LIZAŁY JEGO RANY.
PEWNEGO DNIA ŁAZARZ UMARŁ I ANIOŁOWIE BOŻY ZANIEŚLI GO DO NIEBA.
UMARŁ TAKŻE BOGACZ...
...I TRAFIŁ DO PIEKŁA. STAMTĄD WIDZIAŁ W ODDALI ŁAZARZA I ABRAHAMA.
OJCZE ABRAHAMIE, BARDZO CIERPIĘ. BŁAGAM, POMÓŻ MI! POŚLIJ ŁAZARZA, ABY ZAMOCZYŁ PALEC W WODZIE I ZWILŻYŁ MÓJ JĘZYK.
SYNU, ZA ŻYCIA OPŁYWAŁEŚ W DOSTATEK, A ŁAZARZ CIERPIAŁ BIEDĘ. TERAZ ON SIĘ CIESZY, A TY CIERPISZ MĘKI.
POZA TYM MIĘDZY WAMI A NAMI JEST OGROMNA PRZEPAŚĆ, KTÓREJ NIKT NIE JEST W STANIE POKONAĆ.
POŚLIJ WIĘC ŁAZARZA DO MOICH PIĘCIU BRACI. NIECH ICH OSTRZEŻE, ABY I ONI NIE TRAFILI DO TEGO MIEJSCA MĘKI.
MAJĄ JUŻ PRAWO, KTÓRE PRZEKAZAŁ IM MOJŻESZ, I SŁOWA PROROKÓW. NIECH IM BĘDĄ POSŁUSZNI.
NIE, OJCZE, USŁUCHAJĄ I NAWRÓCĄ SIĘ TYLKO WTEDY, GDY PRZYJDZIE DO NICH KTOŚ Z UMARŁYCH I ICH OSTRZEŻE.
SYNU, JEŚLI NIE SŁUCHAJĄ PISMA, TO POSŁANIEC ZE ŚWIATA UMARŁYCH TEŻ ICH NIE PRZEKONA.

FARYZEUSZE CHCIELI DOWIEDZIEĆ SIĘ CZEGOŚ WIĘCEJ O KRÓLESTWIE BOŻYM...
JAK I KIEDY ONO PRZYJDZIE?
ONO JUŻ JEST, ALE NIE MOŻECIE GO ZOBACZYĆ. LUDZIE BĘDĄ MÓWIĆ: „JEST TUTAJ!" ALBO: „JEST TAM!".
TYMCZASEM KRÓLESTWO BOŻE JEST MIĘDZY WAMI.
KIEDY JEZUS ZOSTAŁ SAM Z UCZNIAMI, POUCZYŁ ICH, ABY NIE DALI SIĘ ZWIEŚĆ I WYPATRYWALI ZNAKÓW JEGO POWROTU NA ZIEMIĘ.
KIEDY SYN CZŁOWIECZY POWRÓCI, NIE BĘDZIE CO DO TEGO WĄTPLIWOŚCI. BĘDZIECIE TO WIEDZIEĆ.
JEDNAK NAJPIERW BĘDZIE CIERPIAŁ I ZOSTANIE ODRZUCONY PRZEZ TO POKOLENIE.
KIEDY ZAŚ PRZYJDZIE PONOWNIE, ZAJAŚNIEJE JAK BŁYSKAWICA NA NIEBIE.
Z LUDŹMI BĘDZIE PODOBNIE JAK PODCZAS POTOPU ZA DNI NOEGO...
...KIEDY TO JEDLI, PILI I BAWILI SIĘ AŻ DO CHWILI, GDY BÓG ZAMKNĄŁ DRZWI ARKI...
...A ONI WSZYSCY POTONĘLI.
ALBO JAK ZA DNI LOTA, KIEDY TO OGIEŃ SPALIŁ SODOMĘ.
TAK WŁAŚNIE BĘDZIE, GDY SYN CZŁOWIECZY POWRÓCI. DWÓCH BĘDZIE PRACOWAĆ W POLU.
JEDEN ZOSTANIE, A DRUGI NAWET NIE ZDĄŻY WRÓCIĆ DO DOMU PO SWOJE RZECZY.
DWOJE BĘDZIE SPAŁO W JEDNYM ŁÓŻKU. JEDNO BĘDZIE ZABRANE, A DRUGIE POZOSTAWIONE.
DWIE KOBIETY BĘDĄ PRACOWAĆ OBOK SIEBIE. JEDNA BĘDZIE ZABRANA, A DRUGA POZOSTAWIONA.
PRZYPOMNIJCIE SOBIE, CO STAŁO SIĘ Z ŻONĄ LOTA. KTO CHCE ZACHOWAĆ SWOJE ŻYCIE, STRACI JE, A KTO JE STRACI, TEN JE OCALI.
SŁOWA JEZUSA WPRAWIŁY UCZNIÓW W OSŁUPIENIE. CHCIELI DOWIEDZIEĆ SIĘ CZEGOŚ WIĘCEJ O TYM, KIEDY I GDZIE TO WSZYSTKO SIĘ WYDARZY. JEZUS POWIEDZIAŁ TYLKO: „SĘPY GROMADZĄ SIĘ TAM, GDZIE JEST PADLINA".

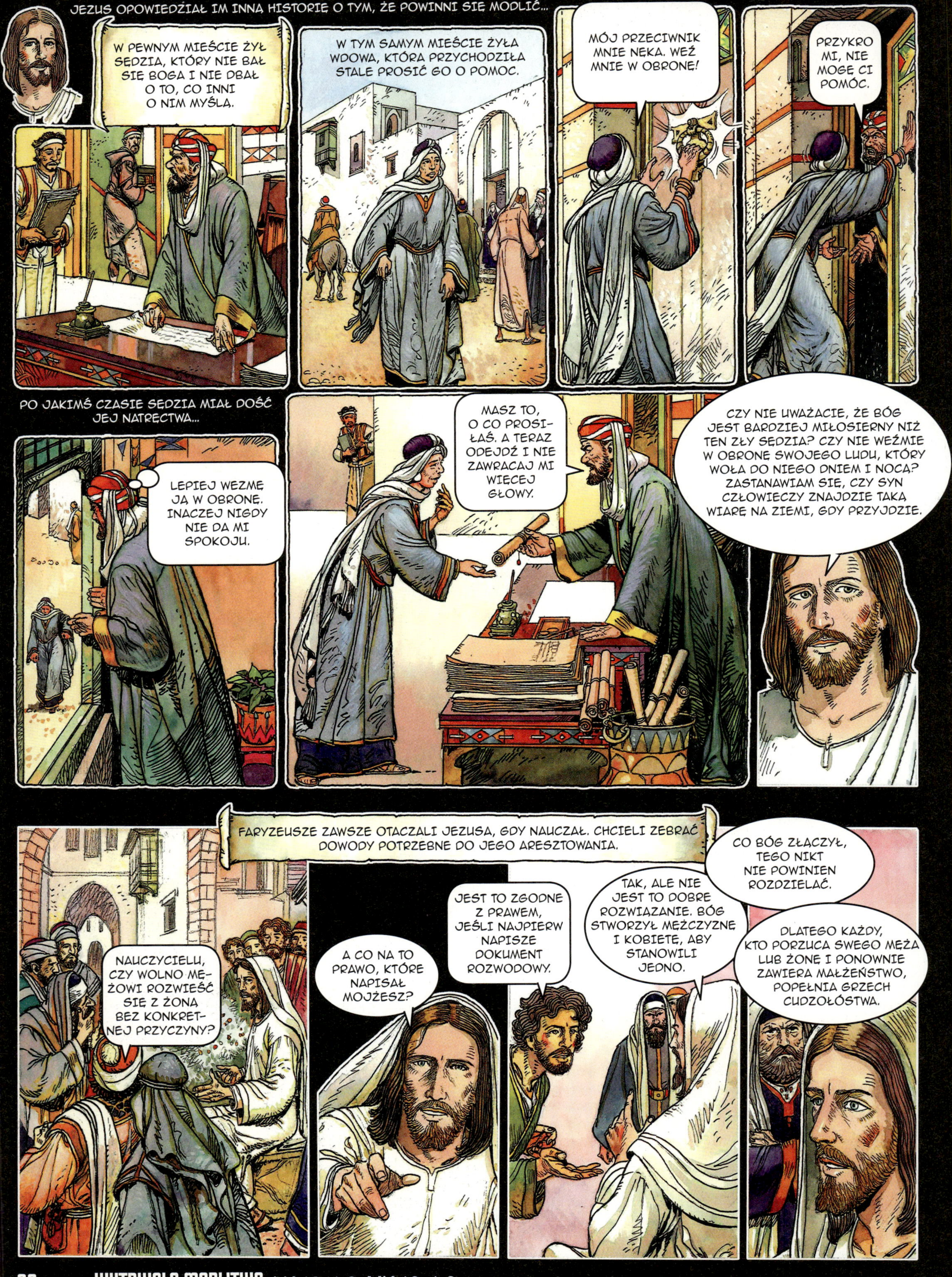
JEZUS OPOWIEDZIAŁ IM INNĄ HISTORIĘ O TYM, ŻE POWINNI SIĘ MODLIĆ...
W PEWNYM MIEŚCIE ŻYŁ SĘDZIA, KTÓRY NIE BAŁ SIĘ BOGA I NIE DBAŁ O TO, CO INNI O NIM MYŚLĄ.
W TYM SAMYM MIEŚCIE ŻYŁA WDOWA, KTÓRA PRZYCHODZIŁA STALE PROSIĆ GO O POMOC.
MÓJ PRZECIWNIK MNIE NĘKA. WEŹ MNIE W OBRONĘ!
PRZYKRO MI, NIE MOGĘ CI POMÓC.
PO JAKIMŚ CZASIE SĘDZIA MIAŁ DOŚĆ JEJ NATRĘCTWA...
LEPIEJ WEZMĘ JĄ W OBRONĘ. INACZEJ NIGDY NIE DA MI SPOKOJU.
MASZ TO, O CO PROSIŁAŚ. A TERAZ ODEJDŹ I NIE ZAWRACAJ MI WIĘCEJ GŁOWY.
CZY NIE UWAŻACIE, ŻE BÓG JEST BARDZIEJ MIŁOSIERNY NIŻ TEN ZŁY SĘDZIA? CZY NIE WEŹMIE W OBRONĘ SWOJEGO LUDU, KTÓRY WOŁA DO NIEGO DNIEM I NOCĄ? ZASTANAWIAM SIĘ, CZY SYN CZŁOWIECZY ZNAJDZIE TAKĄ WIARĘ NA ZIEMI, GDY PRZYJDZIE.
FARYZEUSZE ZAWSZE OTACZALI JEZUSA, GDY NAUCZAŁ. CHCIELI ZEBRAĆ DOWODY POTRZEBNE DO JEGO ARESZTOWANIA.
NAUCZYCIELU, CZY WOLNO MĘŻOWI ROZWIEŚĆ SIĘ Z ŻONĄ BEZ KONKRETNEJ PRZYCZYNY?
A CO NA TO PRAWO, KTÓRE NAPISAŁ MOJŻESZ?
JEST TO ZGODNE Z PRAWEM, JEŚLI NAJPIERW NAPISZE DOKUMENT ROZWODOWY.
TAK, ALE NIE JEST TO DOBRE ROZWIĄZANIE. BÓG STWORZYŁ MĘŻCZYZNĘ I KOBIETĘ, ABY STANOWILI JEDNO.
CO BÓG ZŁĄCZYŁ, TEGO NIKT NIE POWINIEN ROZDZIELAĆ.
DLATEGO KAŻDY, KTO PORZUCA SWEGO MĘŻA LUB ŻONĘ I PONOWNIE ZAWIERA MAŁŻEŃSTWO, POPEŁNIA GRZECH CUDZOŁÓSTWA.

KIEDY JEZUS NAUCZAŁ, JAKIEŚ KOBIETY PRZYPROWADZIŁY DO NIEGO DZIECI.
CO ONE TU ROBIĄ?
IDŹCIE STĄD! NAUCZYCIEL JEST ZAJĘTY.
KAZAŁEM WAM ODEJŚĆ! JESTEŚCIE GŁUCHE?
SZYMONIE, CO ROBISZ? POZWÓLCIE DZIECIOM PRZYCHODZIĆ DO MNIE I NIGDY IM W TYM NIE PRZESZKADZAJCIE.
BO KRÓLESTWO BOŻE NALEŻY DO TAKICH LUDZI JAK ONE. MÓWIĘ WAM: MUSICIE PRZYJĄĆ KRÓLESTWO JAK MAŁE DZIECI. INACZEJ WCALE DO NIEGO NIE WEJDZIECIE.
PODEJDŹCIE BLIŻEJ. JEZUS POBŁOGOSŁAWI WASZE DZIECI.

KILKA MINUT PÓŹNIEJ PRZYBIEGŁ PEWIEN MŁODZIENIEC I POKŁONIŁ SIĘ PRZED JEZUSEM...
RABBI!
NAUCZYCIELU DOBRY, CO MAM CZYNIĆ, ABY MIEĆ ŻYCIE WIECZNE?
NIE NAZYWAJ MNIE DOBRYM. TYLKO BÓG JEST DOBRY.
JEŚLI CHCESZ MIEĆ ŻYCIE WIECZNE, ZACHOWUJ PRZYKAZANIA, KTÓRE PRZEKAZAŁ MOJŻESZ.
PRZESTRZEGAM ICH OD MŁODOŚCI.
JEST JESZCZE JEDNA RZECZ, KTÓRĄ MUSISZ ZROBIĆ. IDŹ I SPRZEDAJ WSZYSTKO, CO MASZ, I ODDAJ PIENIĄDZE UBOGIM.
POTEM WRÓĆ I CHODŹ ZA MNĄ.
BOGATY MŁODZIENIEC ODWRÓCIŁ SIĘ I ODSZEDŁ ZASMUCONY.
TRUDNO BOGATEMU WEJŚĆ DO KRÓLESTWA BOŻEGO. ŁATWIEJ WIELBŁĄDOWI PRZEJŚĆ PRZEZ UCHO IGIELNE.
KTO WIĘC MOŻE SIĘ ZBAWIĆ?
DLA CZŁOWIEKA TO NIEMOŻLIWE. JEDNAK DLA BOGA WSZYSTKO JEST MOŻLIWE.
PANIE, MY JUŻ ZOSTAWILIŚMY WSZYSTKO, ABY IŚĆ ZA TOBĄ. CO Z NAMI BĘDZIE?
OTRZYMACIE STO RAZY WIĘCEJ, NIŻ ZOSTAWILIŚCIE, I ZYSKACIE ŻYCIE WIECZNE.
NIE MARTWCIE SIĘ. KAŻDY DOSTANIE SWOJĄ SZANSĘ. POSŁUCHAJCIE TEJ HISTORII, A LEPIEJ ZROZUMIECIE, JAK DZIAŁA BÓG.
WŁAŚCICIEL WINNICY WYSZEDŁ WCZESNYM RANKIEM, ABY ZATRUDNIĆ ROBOTNIKÓW. UMÓWIŁ SIĘ Z NIMI, ŻE KAŻDEMU ZAPŁACI PO SREBRNEJ MONECIE ZA CAŁY DZIEŃ PRACY.

ROBOTNICY PRZYSTĄPILI DO PRACY...
...A WŁAŚCICIEL WRÓCIŁ DO MIASTA. BYŁA WÓWCZAS GODZINA 9.00 RANO.
MAM DLA WAS PRACĘ.
NA PLACU ZASTAŁ INNYCH LUDZI SZUKAJĄCYCH PRACY. ICH RÓWNIEŻ ZATRUDNIŁ I POSŁAŁ DO WINNICY. PODOBNIE ZROBIŁ O GODZINIE 12.00 W POŁUDNIE I O 15.00. W KOŃCU O GODZINIE 17.00 UDAŁ SIĘ PO RAZ OSTATNI NA PLAC. NADAL CZEKALI TAM ROBOTNICY SZUKAJĄCY PRACY...
DLACZEGO STOICIE BEZCZYNNIE CAŁY DZIEŃ?
NIKT NAS NIE ZATRUDNIŁ.
JA WAS ZATRUDNIĘ.
NA KONIEC DNIA WŁAŚCICIEL WEZWAŁ SWOJEGO ZARZĄDCĘ...
ZAPŁAĆ ROBOTNIKOM, ZACZYNAJĄC OD TYCH, KTÓRYCH ZATRUDNIŁEM JAKO OSTATNICH.
CI, KTÓRZY ZOSTALI ZATRUDNIENI O 17.00, OTRZYMALI PO SREBRNEJ MONECIE. POZOSTALI LICZYLI NA WIĘCEJ, ZWŁASZCZA CI, KTÓRZY PRACOWALI OD SAMEGO RANA.
TO NIESPRAWIEDLIWE!
DLACZEGO? CZY NIE ZAPŁACIŁEM WAM ZGODNIE Z UMOWĄ? CZY NIE WOLNO MI BYĆ HOJNYM?
W KRÓLESTWIE BOŻYM OSTATNI BĘDĄ PIERWSZYMI, A PIERWSI OSTATNIMI.
JEZUS SZEDŁ DO JEROZOLIMY. WIEDZIAŁ, ŻE JEGO MISJA DOBIEGA KOŃCA.
W JEROZOLIMIE SYN CZŁOWIECZY ZOSTANIE WYDANY WYŻSZYM KAPŁANOM I ZNAWCOM PRAWA, KTÓRZY SKAŻĄ GO NA ŚMIERĆ.
RZYMIANIE UKRZYŻUJĄ GO, ALE ON TRZECIEGO DNIA ZMARTWYCHWSTANIE.
PANIE, MÓWISZ POWAŻNIE? CO MASZ NA MYŚLI?
WTEDY DO JEZUSA PRZYSZŁA MATKA JAKUBA I JANA I POKŁONIŁA SIĘ PRZED NIM. CHCIAŁA GO O COŚ PROSIĆ...
CZEGO PRAGNIESZ?
POZWÓL, ABY MOI SYNOWIE ZASIEDLI OBOK CIEBIE W TWOIM KRÓLESTWIE!
SAMI NIE WIECIE, O CO PROSICIE. CZY MOŻECIE PRZYJĄĆ LOS, JAKI MNIE SPOTKA?
MOŻEMY!

BĘDZIECIE MIELI UDZIAŁ W MOIM LOSIE, ALE TO NIE JA DECYDUJĘ, KTO ZASIĄDZIE OBOK MNIE. ZDECYDUJE O TYM MÓJ OJCIEC.
ZA KOGO ONI SIĘ UWAŻAJĄ?
A CO Z NAMI?
POSŁUCHAJCIE! WIECIE, ŻE WŁADCY TEGO ŚWIATA LUBIĄ POKAZYWAĆ SWOJĄ WŁADZĘ. NIE WPADNIJCIE W TĘ PUŁAPKĘ.
JEŚLI KTOŚ CHCE BYĆ PIERWSZY WŚRÓD INNYCH, MUSI NAUCZYĆ SIĘ SŁUŻYĆ. BIERZCIE PRZYKŁAD ZE MNIE. JA PRZYSZEDŁEM, ABY SŁUŻYĆ I ODDAĆ SWOJE ŻYCIE ZA WIELU.
NIEOPODAL JERYCHA JEZUS ZAUWAŻYŁ NIEWIDOMEGO BARTYMEUSZA, KTÓRY SIEDZIAŁ PRZY DRODZE I ŻEBRAŁ.
CO TO ZA ZAMIESZANIE?
TO JEZUS, UZDROWICIEL Z NAZARETU. WŁAŚNIE TĘDY PRZECHODZI.
JEZUSIE, SYNU DAWIDA, POMÓŻ MI!
ZOBACZYŁ CIĘ!
CISZEJ! NIE TAK GŁOŚNO!
SYNU DAWIDA, POMÓŻ MI!
CO MAM DLA CIEBIE ZROBIĆ?
CHCĘ WIDZIEĆ!
TWOJA WIARA CIĘ UZDROWIŁA!
JA WIDZĘ!
BARTYMEUSZ NATYCHMIAST WSTAŁ I POSZEDŁ.
BOGU NIECH BĘDĄ DZIĘKI! ON MNIE UZDROWIŁ! PRZYWRÓCIŁ MI WZROK!

JEZUS PRZYBYŁ DO JERYCHA. WSZYSCY CHCIELI GO ZOBACZYĆ I TO, JAK CZYNI CUDA. NA ULICACH ZGROMADZIŁY SIĘ TŁUMY LUDZI.
ZACHEUSZ, PRZEŁOŻONY POBORCÓW PODATKOWYCH, ZNIENAWIDZONY PRZEZ MIESZKAŃCÓW MIASTA Z POWODU SWOJEJ PRACY, RÓWNIEŻ CHCIAŁ ZOBACZYĆ JEZUSA. BYŁ JEDNAK NISKIEGO WZROSTU.
WEJDĘ NA TO DRZEWO, ŻEBY LEPIEJ WIDZIEĆ JEZUSA.
ZACHEUSZU, ZEJDŹ PRĘDKO! MUSZĘ CIĘ ODWIEDZIĆ.
ZACHEUSZ BARDZO SIĘ UCIESZYŁ. W DODATKU JEZUS ZAWOŁAŁ GO PO IMIENIU.
JEDNAK LUDZIE ZACZĘLI NARZEKAĆ. BYLI ZAWIEDZENI, ŻE JEZUS ZAAKCEPTOWAŁ CZŁOWIEKA, KTÓRY ICH OSZUKIWAŁ.
ODDAM UBOGIM POŁOWĘ TEGO, CO POSIADAM!
DZIŚ NASTAŁ DZIEŃ ZBAWIENIA DLA TEGO CZŁOWIEKA I JEGO DOMU.
SYN CZŁOWIECZY PRZYSZEDŁ SZUKAĆ ZAGUBIONYCH I UWOLNIĆ ICH OD GRZECHU.
JEZUS ZBLIŻAŁ SIĘ JUŻ DO JEROZOLIMY, GDZIE PRZYWÓDCY RELIGIJNI CHCIELI GO ARESZTOWAĆ I OSKARŻYĆ O BLUŹNIERSTWO. CHCIAŁ JEDNAK, ABY JEGO UCZNIOWIE ZROZUMIELI, ŻE NIE MA ZAMIARU USTANAWIAĆ ŻADNEGO KRÓLESTWA NA ZIEMI, DOPÓKI JEGO MISJA NIE DOBIEGNIE KOŃCA. TO OZNACZAŁO, ŻE BĘDĄ MUSIELI REALIZOWAĆ JĄ RÓWNIEŻ PO JEGO ODEJŚCIU. OPOWIEDZIAŁ IM WIĘC TAKĄ HISTORIĘ:
PEWIEN CZŁOWIEK WYBIERAŁ SIĘ W PODRÓŻ. ZANIM JEDNAK WYRUSZYŁ, KAZAŁ TRZEM SWOIM SŁUGOM OPIEKOWAĆ SIĘ JEGO MAJĄTKIEM.
JEDNEMU DAŁ PIĘĆ SREBRNYCH MONET...
...DRUGIEMU DWIE SREBRNE MONETY...
...A JESZCZE INNEMU JEDNĄ SREBRNĄ MONETĘ.
PO JAKIMŚ CZASIE POWRÓCIŁ I WEZWAŁ SWOICH TRZECH SŁUŻĄCYCH.
CO ZROBILIŚCIE Z PIENIĘDZMI, KTÓRE WAM POWIERZYŁEM?
PANIE, DAŁEŚ MI PIĘĆ MONET. ZAINWESTOWAŁEM TWOJE PIENIĄDZE I ZAROBIŁEM KOLEJNYCH PIĘĆ!
DOSKONALE!
A JA ZAROBIŁEM DWIE!
ŚWIETNIE!
PANIE, BAŁEM SIĘ, ŻE STRACĘ TWOJE PIENIĄDZE. ZAKOPAŁEM WIĘC SWOJĄ MONETĘ W ZIEMI. OTO ONA!
LENIWY SŁUGO, MOGŁEŚ CHOCIAŻ ZANIEŚĆ JĄ DO BANKU I ZYSKAĆ Z NIEJ PROCENT!
ZABIERZCIE MU MONETĘ I DAJCIE JĄ TEMU, KTÓRY ZAROBIŁ PIĘĆ MONET. POTEM WYRZUĆCIE LENIWEGO SŁUGĘ PRECZ, W CIEMNOŚCI.
TAK SAMO POSTĄPI Z WAMI BÓG. GDY NADEJDZIE CZAS ROZLICZENIA, DA JESZCZE WIĘCEJ TYM, KTÓRZY ZYSKALI DUŻO, A ODBIERZE WSZYSTKO TYM, KTÓRZY MIELI MAŁO, BO ZATRZYMALI WSZYSTKO DLA SIEBIE.

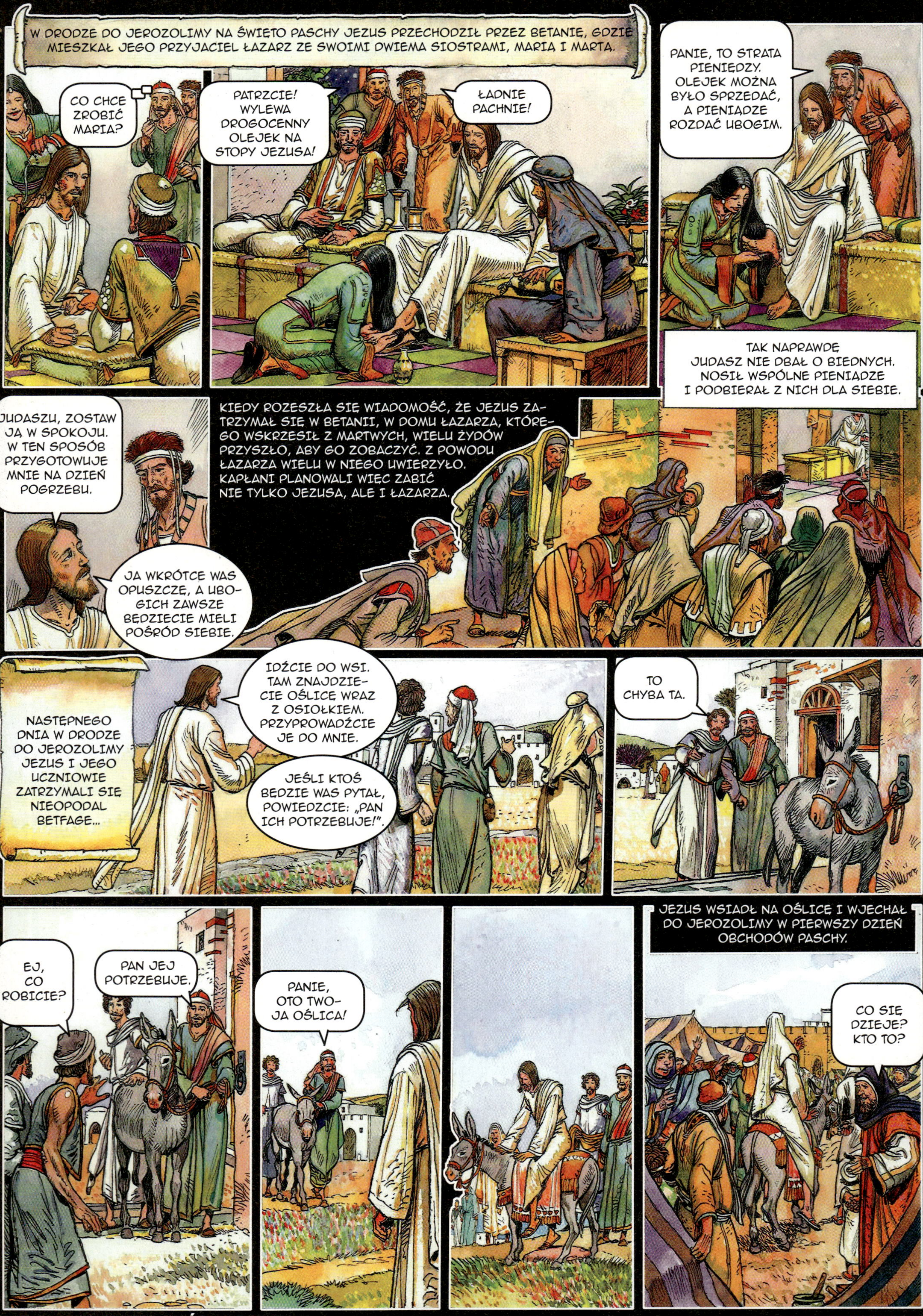
W DRODZE DO JEROZOLIMY NA ŚWIĘTO PASCHY JEZUS PRZECHODZIŁ PRZEZ BETANIĘ, GDZIE MIESZKAŁ JEGO PRZYJACIEL ŁAZARZ ZE SWOIMI DWIEMA SIOSTRAMI, MARIĄ I MARTĄ.
CO CHCE ZROBIĆ MARIA?
PATRZCIE! WYLEWA DROGOCENNY OLEJEK NA STOPY JEZUSA!
ŁADNIE PACHNIE!
PANIE, TO STRATA PIENIĘDZY. OLEJEK MOŻNA BYŁO SPRZEDAĆ, A PIENIĄDZE ROZDAĆ UBOGIM.
TAK NAPRAWDĘ JUDASZ NIE DBAŁ O BIEDNYCH. NOSIŁ WSPÓLNE PIENIĄDZE I PODBIERAŁ Z NICH DLA SIEBIE.
JUDASZU, ZOSTAW JĄ W SPOKOJU. W TEN SPOSÓB PRZYGOTOWUJE MNIE NA DZIEŃ POGRZEBU.
JA WKRÓTCE WAS OPUSZCZĘ, A UBOGICH ZAWSZE BĘDZIECIE MIELI POŚRÓD SIEBIE.
KIEDY ROZESZŁA SIĘ WIADOMOŚĆ, ŻE JEZUS ZATRZYMAŁ SIĘ W BETANII, W DOMU ŁAZARZA, KTÓREGO WSKRZESIŁ Z MARTWYCH, WIELU ŻYDÓW PRZYSZŁO, ABY GO ZOBACZYĆ. Z POWODU ŁAZARZA WIELU W NIEGO UWIERZYŁO. KAPŁANI PLANOWALI WIĘC ZABIĆ NIE TYLKO JEZUSA, ALE I ŁAZARZA.
NASTĘPNEGO DNIA W DRODZE DO JEROZOLIMY JEZUS I JEGO UCZNIOWIE ZATRZYMALI SIĘ NIEOPODAL BETFAGE...
IDŹCIE DO WSI. TAM ZNAJDZIECIE OŚLICĘ WRAZ Z OSIOŁKIEM. PRZYPROWADŹCIE JE DO MNIE.
JEŚLI KTOŚ BĘDZIE WAS PYTAŁ, POWIEDZCIE: „PAN ICH POTRZEBUJE!".
TO CHYBA TA.
EJ, CO ROBICIE?
PAN JEJ POTRZEBUJE.
PANIE, OTO TWOJA OŚLICA!
JEZUS WSIADŁ NA OŚLICĘ I WJECHAŁ DO JEROZOLIMY W PIERWSZY DZIEŃ OBCHODÓW PASCHY.
CO SIĘ DZIEJE? KTO TO?

SYNU DAWIDA!
HOSANNA!
CHWAŁA PANU!
BŁOGOSŁAWIONY, KTÓRY PRZYCHODZI W IMIĘ PANA!
NAUCZYCIELU, UCISZ SWOICH UCZNIÓW!
JEŚLI ONI UMILKNĄ, TO KAMIENIE BĘDĄ KRZYCZEĆ.
WRESZCIE JEZUS WJECHAŁ DO MIASTA.
O JEROZOLIMO, GDYBYŚ TYLKO POTRAFIŁA ZROZUMIEĆ, CO PRZYNIESIE CI POKÓJ! ALE TERAZ JEST TO ZAKRYTE PRZED TWOIMI OCZAMI.
PATRZCIE, ON PŁACZE!
PEWNEGO DNIA TWOI WROGOWIE OTOCZĄ CIĘ MUREM I OBLEGNĄ ZE WSZYSTKICH STRON. ZOSTANIESZ ZNISZCZONA, BO NIE ROZPOZNAŁAŚ CZASU TWEGO NAWIEDZENIA.
NIC NIE ZYSKALIŚMY. LUDZIE SĄ PO JEGO STRONIE.
P. Montero 2014
PO WIZYCIE W ŚWIĄTYNI JEZUS WRÓCIŁ...
...WRAZ Z UCZNIAMI NA NOC DO BETANII.

NASTEPNEGO DNIA JEZUS WRÓCIŁ DO ŚWIĄTYNI, GDZIE MIAŁ ZAMIAR NAUCZAĆ LUDZI, KTÓRZY PRZYBYLI NA ŚWIETO.
CO TO MA ZNACZYĆ?
JAK ŚMIESZ! TO NIE TARGOWISKO. WYNOŚ SIE STĄD!
PRECZ!
BÓG POWIEDZIAŁ: „MOJA ŚWIĄTYNIA BEDZIE DOMEM MODLITWY DLA WSZYSTKICH NARODÓW”.
DLACZEGO ZAMIENILIŚCIE JĄ W JASKINIE ROZBÓJNIKÓW?
UPRZĄTNIJCIE DOM PANA!
PANIE, CZY UZDROWISZ NASZYCH CHORYCH?
TAK, WEJDŹCIE!
JA WIDZE!
JA CHODZE!
HOSANNA!
NIE WYPADA, ABY DZIECI KRZYCZAŁY W ŚWIĄTYNI.
NAUCZYCIE-LU, UCISZ TE WRZA-SKI!
DLACZEGO? CZY NIE CZYTALIŚCIE, ŻE: „USTA DZIECI I NIEMOWLĄT ODDAJĄ BOGU CHWAŁĘ”?
GRRRR!
DLACZEGO WIĘC CHCECIE JE UCISZYĆ?
ON JEST NIE-BEZPIECZNY.
MUSIMY ZNALEŹĆ SPOSÓB, ABY SIE GO POZBYĆ.
TO NIE BEDZIE PROSTE. LUDZIE GO PODZIWIAJĄ.
JUŻ OD DAWNA FARYZEUSZE, WYŻSI KAPŁANI I ZNAWCY PRAWA PRÓBOWALI UCISZYĆ JEZUSA. DO TEJ PORY NIC NIE POSKUTKOWAŁO. JEDNAK ZASTAWILI JUŻ NA NIEGO KOLEJNE SIDŁA.

NASTĘPNEGO DNIA JEZUS WRÓCIŁ DO ŚWIĄTYNI, ABY NAUCZAĆ. BYLI TAM RÓWNIEŻ PRZYWÓDCY ŻYDOWSCY, KTÓRZY TYM RAZEM ZMIENILI SWOJĄ TAKTYKĘ...
RABBI, POWIEDZ NAM! JAKIM PRAWEM WYPĘDZIŁEŚ WCZORAJ PRZEKUPNIÓW ZE ŚWIĄTYNI?
POWIEM WAM, JEŚLI I WY MI ODPOWIECIE. SKĄD JAN CHRZCICIEL OTRZYMAŁ WŁADZĘ UDZIELANIA LUDZIOM CHRZTU?
JEŚLI ODPOWIEMY: „OD BOGA", TO NAS ZAPYTA: „CZEMU WIĘC NIE UWIERZYLIŚCIE MU?".
A JEŚLI POWIEMY: „OD LUDZI", TO NARAZIMY SIĘ TŁUMOWI, GDYŻ WSZYSCY UWAŻAJĄ, ŻE JAN BYŁ PROROKIEM BOGA.
NIE WIEMY.
SKORO TAK, TO I JA WAM NIE ODPOWIEM.
WYSŁUCHAJCIE TAKIEJ OTO HISTORII: PEWIEN CZŁOWIEK MIAŁ DWÓCH SYNÓW. DO OBU RZEKŁ: „IDŹCIE I POPRACUJCIE W MOJEJ WINNICY!".
PIERWSZY SYN ODMÓWIŁ, ALE W KOŃCU POSZEDŁ. DRUGI NAJPIERW SIĘ ZGODZIŁ, ALE NIE POSZEDŁ.
KTÓRY Z NICH POSŁUCHAŁ OJCA?
OCZYWIŚCIE TEN PIERWSZY.
SŁUSZNIE! ALE WY JESTEŚCIE JAK TEN DRUGI SYN. MÓWICIE BOGU „TAK", ALE WASZE ZACHOWANIE TEMU PRZECZY.
CZYŻBYŚ TWIERDZIŁ, ŻE GRZESZYMY PRZECIW BOGU?
MÓWIĘ WAM, ŻE GRZESZNICY WEJDĄ PRZED WAMI DO KRÓLESTWA BOŻEGO.
ONI PRZYJĘLI JANA I POKUTOWALI, A WY NIE, CHOĆ WIEDZIELIŚCIE, ŻE BYŁ OD BOGA.
OPOWIEM WAM INNĄ HISTORIĘ: PEWIEN WŁAŚCICIEL POLECIŁ ROBOTNIKOM OPIEKOWAĆ SIĘ SWOJĄ WINNICĄ.
POTEM WYJECHAŁ.
DBAJCIE O WINNICĘ POD MOJĄ NIEOBECNOŚĆ!
KIEDY NADSZEDŁ CZAS ZBIORÓW, WYSŁAŁ SWOICH SŁUŻĄCYCH, ABY ODEBRALI NALEŻNE MU PLONY.
SŁUDZY ZOSTALI DOTKLIWIE POBICI...
IDŹCIE STĄD!
TO NASZE WINOGRONA!

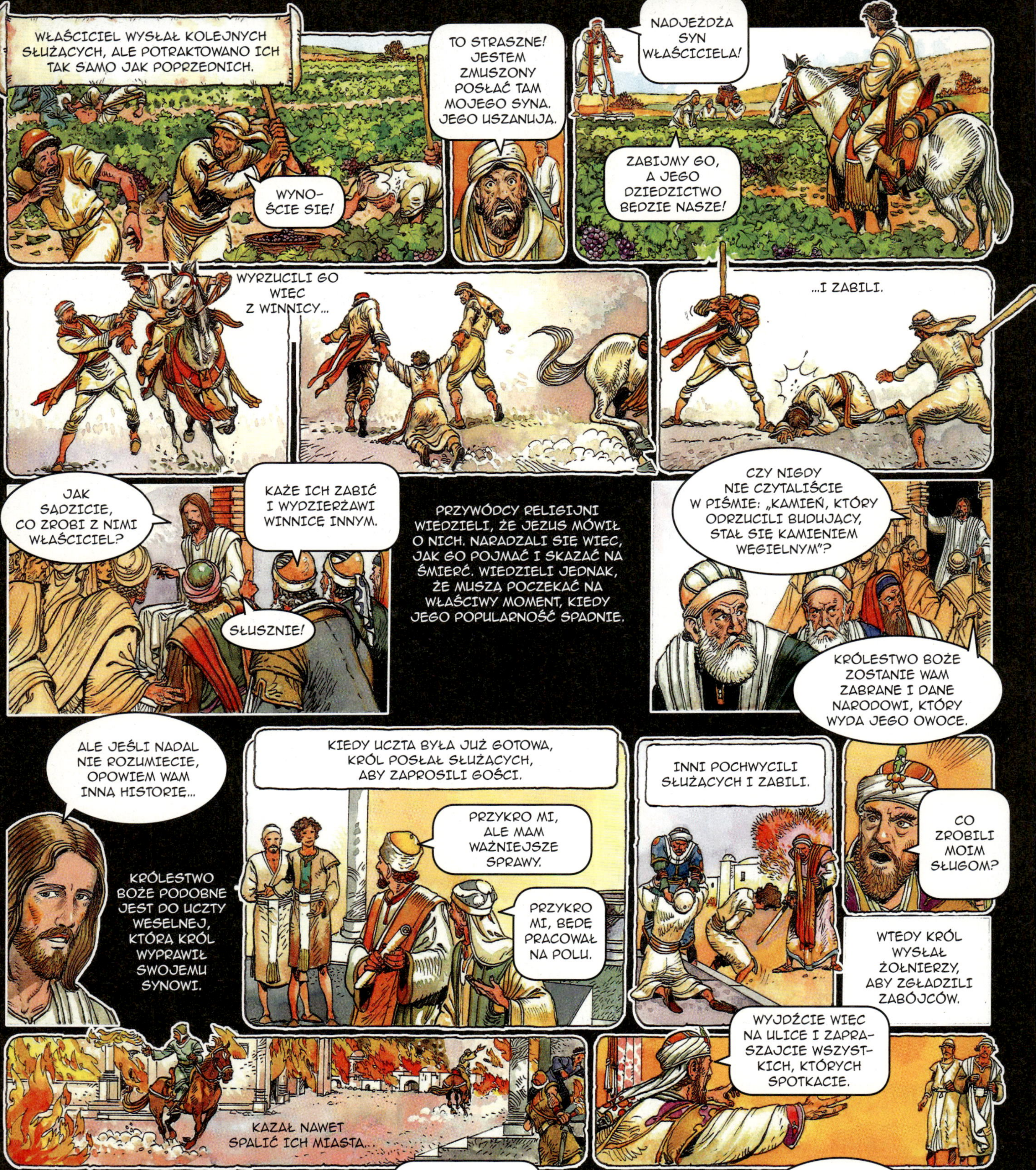

WŁAŚCICIEL WYSŁAŁ KOLEJNYCH SŁUŻĄCYCH, ALE POTRAKTOWANO ICH TAK SAMO JAK POPRZEDNICH.
WYNOŚCIE SIĘ!
TO STRASZNE! JESTEM ZMUSZONY POSŁAĆ TAM MOJEGO SYNA. JEGO USZANUJĄ.
NADJEŻDŻA SYN WŁAŚCICIELA!
ZABIJMY GO, A JEGO DZIEDZICTWO BĘDZIE NASZE!
WYRZUCILI GO WIĘC Z WINNICY...
...I ZABILI.
JAK SĄDZICIE, CO ZROBI Z NIMI WŁAŚCICIEL?
KAŻE ICH ZABIĆ I WYDZIERŻAWI WINNICĘ INNYM.
SŁUSZNIE!
PRZYWÓDCY RELIGIJNI WIEDZIELI, ŻE JEZUS MÓWIŁ O NICH. NARADZALI SIĘ WIĘC, JAK GO POJMAĆ I SKAZAĆ NA ŚMIERĆ. WIEDZIELI JEDNAK, ŻE MUSZĄ POCZEKAĆ NA WŁAŚCIWY MOMENT, KIEDY JEGO POPULARNOŚĆ SPADNIE.
CZY NIGDY NIE CZYTALIŚCIE W PIŚMIE: „KAMIEŃ, KTÓRY ODRZUCILI BUDUJĄCY, STAŁ SIĘ KAMIENIEM WĘGIELNYM"?
KRÓLESTWO BOŻE ZOSTANIE WAM ZABRANE I DANE NARODOWI, KTÓRY WYDA JEGO OWOCE.
ALE JEŚLI NADAL NIE ROZUMIECIE, OPOWIEM WAM INNĄ HISTORIĘ...
KRÓLESTWO BOŻE PODOBNE JEST DO UCZTY WESELNEJ, KTÓRĄ KRÓL WYPRAWIŁ SWOJEMU SYNOWI.
KIEDY UCZTA BYŁA JUŻ GOTOWA, KRÓL POSŁAŁ SŁUŻĄCYCH, ABY ZAPROSILI GOŚCI.
PRZYKRO MI, ALE MAM WAŻNIEJSZE SPRAWY.
PRZYKRO MI, BĘDĘ PRACOWAŁ NA POLU.
INNI POCHWYCILI SŁUŻĄCYCH I ZABILI.
CO ZROBILI MOIM SŁUGOM?
WTEDY KRÓL WYSŁAŁ ŻOŁNIERZY, ABY ZGŁADZILI ZABÓJCÓW.
KAZAŁ NAWET SPALIĆ ICH MIASTA...
WYJDŹCIE WIĘC NA ULICE I ZAPRASZAJCIE WSZYSTKICH, KTÓRYCH SPOTKACIE.
PRZYBYŁO WIELU RÓŻNYCH LUDZI, ALE KIEDY KRÓL WSZEDŁ DO KOMNATY, ZAUWAŻYŁ CZŁOWIEKA, KTÓRY NIE MIAŁ ODŚWIĘTNEGO STROJU.
PRZYJACIELU, JAK TU WSZEDŁEŚ BEZ ODŚWIĘTNEGO STROJU?
HM...
SŁUŻBA, ZWIĄŻCIE GO I WYRZUĆCIE NA ZEWNĄTRZ, W CIEMNOŚCI!
TAK BÓG POSTĄPI Z TYMI, KTÓRZY NIE BĘDĄ GOTOWI.
BO WIELU JEST ZAPROSZONYCH, A MAŁO WYBRANYCH.

PÓŹNIEJ PRZYWÓDCY ŻYDOWSCY WYSŁALI DO JEZUSA SWOICH LUDZI Z PODCHWYTLIWYM PYTANIEM. LICZYLI NA TO, ŻE JEZUS DA SIĘ PODEJŚĆ.
NAUCZYCIELU, JESTEŚ UCZCIWYM CZŁOWIEKIEM. MÓWISZ PRAWDĘ I NIE ZWAŻASZ NA LUDZKĄ OPINIĘ.
POWIEDZ NAM, CZY NALEŻY PŁACIĆ PODATEK CESARZOWI.
JEZUS DOMYŚLIŁ SIĘ, ŻE TO PODSTĘP. GDYBY POWIEDZIAŁ „TAK", OSKARŻYLIBY GO O SPRZYJANIE RZYMOWI.
GDYBY POWIEDZIAŁ „NIE", ZWOLENNICY RZYMU MOGLIBY GO OSKARŻYĆ O SPRZECIW WOBEC RZYMSKIEJ WŁADZY.
HA! NO TO JEZUS MA PROBLEM!
PRZYNIEŚCIE MI SREBRNĄ MONETĘ. NIECH NA NIĄ SPOJRZĘ.
WRĘCZYLI WIĘC JEZUSOWI SREBRNĄ MONETĘ.
A TERAZ WY POWIEDZCIE, CZYJA PODOBIZNA I IMIĘ ZNAJDUJĄ SIĘ NA TEJ MONECIE.
CESARZA!
ODDAJCIE WIĘC CESARZOWI TO, CO NALEŻY DO CESARZA.
A BOGU TO, CO NALEŻY DO BOGA.
LUDZIE BYLI ZASKOCZENI ODPOWIEDZIĄ JEZUSA. PO CHWILI JESZCZE SADUCEUSZE WYSTAWILI GO NA PRÓBĘ.
NAUCZYCIELU, PRAWO MÓWI, ŻE JEŚLI MĄŻ UMRZE BEZDZIETNIE, JEGO BRAT MUSI POŚLUBIĆ WDOWĘ PO NIM, ABY PRZEDŁUŻYĆ JEGO RÓD. CO POWIESZ NA TO?
EH!
BYŁO SIEDMIU BRACI. UMIERALI BEZDZIETNIE JEDEN PO DRUGIM I ZOSTAWIALI ŻONĘ PIERWSZEGO KAŻDEMU KOLEJNEMU BRATU. WRESZCIE I ONA ZMARŁA.
POWIEDZ NAM, CZYJĄ ŻONĄ BĘDZIE W NIEBIE?
O NIEROZUMNI! NIE MACIE POJĘCIA, JAK JEST W NIEBIE. W NIEBIE LUDZIE NIE ŻENIĄ SIĘ ANI NIE WYCHODZĄ ZA MĄŻ.
SĄ JAK ANIOŁOWIE.

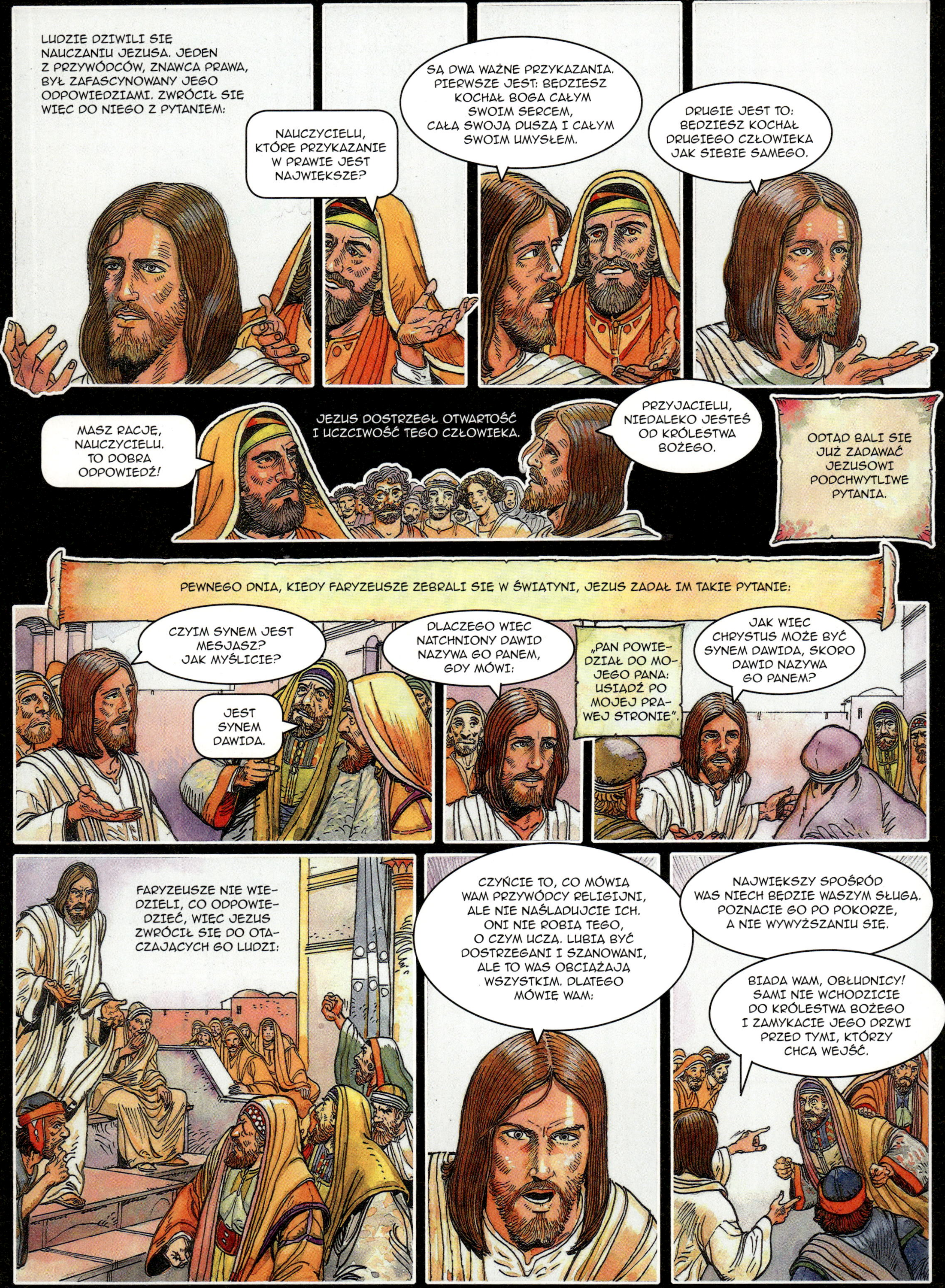

LUDZIE DZIWILI SIĘ NAUCZANIU JEZUSA. JEDEN Z PRZYWÓDCÓW, ZNAWCA PRAWA, BYŁ ZAFASCYNOWANY JEGO ODPOWIEDZIAMI. ZWRÓCIŁ SIĘ WIĘC DO NIEGO Z PYTANIEM:
NAUCZYCIELU, KTÓRE PRZYKAZANIE W PRAWIE JEST NAJWIĘKSZE?
SĄ DWA WAŻNE PRZYKAZANIA. PIERWSZE JEST: BĘDZIESZ KOCHAŁ BOGA CAŁYM SWOIM SERCEM, CAŁĄ SWOJĄ DUSZĄ I CAŁYM SWOIM UMYSŁEM.
DRUGIE JEST TO: BĘDZIESZ KOCHAŁ DRUGIEGO CZŁOWIEKA JAK SIEBIE SAMEGO.
MASZ RACJĘ, NAUCZYCIELU. TO DOBRA ODPOWIEDŹ!
JEZUS DOSTRZEGŁ OTWARTOŚĆ I UCZCIWOŚĆ TEGO CZŁOWIEKA.
PRZYJACIELU, NIEDALEKO JESTEŚ OD KRÓLESTWA BOŻEGO.
ODTĄD BALI SIĘ JUŻ ZADAWAĆ JEZUSOWI PODCHWYTLIWE PYTANIA.
PEWNEGO DNIA, KIEDY FARYZEUSZE ZEBRALI SIĘ W ŚWIĄTYNI, JEZUS ZADAŁ IM TAKIE PYTANIE:
CZYIM SYNEM JEST MESJASZ? JAK MYŚLICIE?
JEST SYNEM DAWIDA.
DLACZEGO WIĘC NATCHNIONY DAWID NAZYWA GO PANEM, GDY MÓWI:
„PAN POWIEDZIAŁ DO MOJEGO PANA: USIĄDŹ PO MOJEJ PRAWEJ STRONIE".
JAK WIĘC CHRYSTUS MOŻE BYĆ SYNEM DAWIDA, SKORO DAWID NAZYWA GO PANEM?
FARYZEUSZE NIE WIEDZIELI, CO ODPOWIEDZIEĆ, WIĘC JEZUS ZWRÓCIŁ SIĘ DO OTACZAJĄCYCH GO LUDZI:
CZYŃCIE TO, CO MÓWIĄ WAM PRZYWÓDCY RELIGIJNI, ALE NIE NAŚLADUJCIE ICH. ONI NIE ROBIĄ TEGO, O CZYM UCZĄ. LUBIĄ BYĆ DOSTRZEGANI I SZANOWANI, ALE TO WAS OBCIĄŻAJĄ WSZYSTKIM. DLATEGO MÓWIĘ WAM:
NAJWIĘKSZY SPOŚRÓD WAS NIECH BĘDZIE WASZYM SŁUGĄ. POZNACIE GO PO POKORZE, A NIE WYWYŻSZANIU SIĘ.
BIADA WAM, OBŁUDNICY! SAMI NIE WCHODZICIE DO KRÓLESTWA BOŻEGO I ZAMYKACIE JEGO DRZWI PRZED TYMI, KTÓRZY CHCĄ WEJŚĆ.

BIADA WAM, FARYZEUSZE! BO PODRÓŻUJECIE DALEKO W POSZUKIWANIU WYZNAWCÓW TYLKO PO TO, BY ICH ZWIEŚĆ I SPRAWIĆ, ŻE BĘDĄ JESZCZE BARDZIEJ WINNI OD WAS.
GŁUPI I ŚLEPI! WIDZICIE TYLKO TO, CO ZEWNĘTRZNE!
DROBIAZGOWO PRZESTRZEGACIE PRAWA, ALE ZANIEDBUJECIE TO, CO NAJWAŻNIEJSZE – SPRAWIEDLIWOŚĆ, WIARĘ I MIŁOSIERDZIE.
NIEGODZIWI OBŁUDNICY!
JESTEŚCIE PODOBNI DO POMALOWANYCH NA BIAŁO GROBÓW, KTÓRE Z ZEWNĄTRZ WYGLĄDAJĄ PIĘKNIE, ALE WEWNĄTRZ PEŁNE SĄ TRUPICH KOŚCI I ZGNILIZNY.
JESTEŚCIE JAK POTOMSTWO ŻMIJOWE. WASI PRZODKOWIE MORDOWALI PROROKÓW! A WY ICH PRZEŚCIGACIE W TYM.
O JERUZALEM, JERUZALEM! ZABIJASZ PROROKÓW I KAMIENUJESZ TYCH, KTÓRYCH BÓG DO CIEBIE POSYŁA. ILEŻ RAZY CHCIAŁEM ZGROMADZIĆ TWOICH MIESZKAŃCÓW JAK KWOKA, KTÓRA ZBIERA SWOJE PISKLĘTA POD SKRZYDŁAMI. ALE WY NIE CHCIELIŚCIE.
KIEDY JEZUS I JEGO UCZNIOWIE OPUSZCZALI ŚWIĄTYNIĘ, ZATRZYMALI SIĘ OBOK SKARBONY.
POCZEKAJMY! ZOBACZYMY, CO SIĘ TU DZIEJE.
WIDZICIE HOJNOŚĆ TYCH LUDZI?
PODESZŁA BIEDNA WDOWA.
WRZUCIŁA TYLKO DWIE MAŁE, MIEDZIANE MONETY. WSZYSTKO, CO MIAŁA NA UTRZYMANIE.
ZAPEWNIAM WAS, ŻE ONA WRZUCIŁA WIĘCEJ NIŻ POZOSTALI.
ONA DAŁA WSZYSTKO, CO MIAŁA. INNI TYLKO TO, CO MIELI W NADMIARZE.

Cena prawdziwej miłości

NA ŚWIECIE PASCHY BYLI OBECNI GRECY, KTÓRZY PRZEBYLI DŁUGĄ DROGĘ DO JEROZOLIMY, ABY ODDAĆ CZEŚĆ BOGU. KIEDY USŁYSZELI, ŻE JEST TAM JEZUS, ZACZELI GO SZUKAĆ. W KOŃCU SPOTKALI FILIPA, POCHODZĄCEGO Z BETSAIDY W GALILEI, I POPROSILI: „PANIE, CZY POMOŻESZ NAM ZNALEŹĆ JEZUSA?”. FILIP ZAPROWADZIŁ ICH DO ANDRZEJA.
CHODŹCIE Z NAMI. ZABIERZEMY WAS DO JEZUSA.
WŁAŚNIE WTEDY JEZUS ZAMIERZAŁ WYJAWIĆ UCZNIOM WIELKĄ TAJEMNICĘ DOTYCZĄCĄ JEGO ŚMIERCI.
NADSZEDŁ CZAS, ABY SYN CZŁOWIECZY DOZNAŁ CHWAŁY.
NAJPIERW JEDNAK MUSZĘ UMRZEĆ. „JEŚLI ZIARNO PSZENICY WRZUCONE W ZIEMIĘ NIE OBUMRZE, POZOSTANIE TAM SAMO; JEŚLI OBUMRZE, PRZYNIESIE OBFITY PLON. TEN, KTO KOCHA SWOJE ŻYCIE, TRACI JE; A TEN, KTO NIE PRZECENIA SWOJEGO ŻYCIA NA TYM ŚWIECIE, ZACHOWA JE NA ŻYCIE WIECZNE”.
JEŚLI KTOŚ CHCE MI SŁUŻYĆ, NIECH IDZIE ZA MNĄ. WTEDY MÓJ OJCIEC GO UCZCI.
JEST MI TERAZ BARDZO TRUDNO, ALE NIE ZAMIERZAM PROSIĆ MEGO OJCA, ABY ODSUNĄŁ ODE MNIE CIERPIENIE. PRZYSZEDŁEM PO TO, ABY CIERPIEĆ.
OJCZE, UCZYŃ WSZYSTKO, CO TRZEBA, ABY UWIELBIĆ SWOJE IMIĘ!
KRACH
JUŻ UWIELBIŁEM I JESZCZE UWIELBIĘ!
HUK
CZY TO BYŁ GRZMOT?
A MOŻE ANIOŁ?
NADSZEDŁ CZAS SĄDU. WŁADCA TEGO ŚWIATA ZOSTANIE ZDEMASKOWANY, A JA ZOSTANĘ WYWYŻSZONY NAD ZIEMIĘ. STAMTĄD POCIĄGNĘ LUDZI KU SOBIE.
JEŚLI NAPRAWDĘ JEST MESJASZEM, TO NIE POWINIEN UMRZEĆ.
KTO JEST TYM SYNEM CZŁOWIECZYM?
JESZCZE PRZEZ KRÓTKI CZAS ŚWIATŁOŚĆ BĘDZIE NA ŚWIECIE. ZAWIERZCIE ŚWIATŁOŚCI I CHODŹCIE W NIEJ, DOPÓKI JEST TUTAJ, ABY NIE OGARNĘŁA WAS CIEMNOŚĆ.
BĄDŹCIE SYNAMI ŚWIATŁOŚCI!
PO TYCH SŁOWACH JEZUS ODSZEDŁ I UKRYŁ SIĘ PRZED TŁUMEM.

CHOCIAŻ WIELU LUDZI WIDZIAŁO CUDA JEZUSA, NADAL W NIEGO NIE WIERZYŁO. TAK JAK DAWNO TEMU ZAPOWIEDZIAŁ PROROK IZAJASZ: „KTO UWIERZYŁ W TO, CO USŁYSZELIŚMY, I KOMU OBJAWIŁO SIĘ RAMIĘ PANA? ICH SERCE STAŁO SIĘ KAMIENNE, ABY NIE WIDZIELI OCZYMA I NICZEGO NIE ROZUMIELI W SWOIM WNĘTRZU".
PANIE, GDYBY TYLKO SŁUCHALI SERCEM, NAWRÓCILIBY SIĘ I ZOSTALIBY UZDROWIENI.
BYLI TEŻ LUDZIE, KTÓRZY UWIERZYLI, NAWET NIEKTÓRZY SPOŚRÓD ŻYDOWSKICH PRZYWÓDCÓW. CI JEDNAK BALI SIĘ, CO INNI O NICH POMYŚLĄ.
LEPIEJ ZACHOWAJMY TO DLA SIEBIE.
JEZUS CHCIAŁ, ABY ZROZUMIELI, ŻE NIE MÓWI W SWOIM IMIENIU, ALE W IMIENIU BOGA.
JA JESTEM ŚWIATŁOŚCIĄ ŚWIATA. UWIERZCIE WE MNIE, ABYŚCIE NIE POZOSTAWALI DŁUŻEJ W CIEMNOŚCI.
KTO WE MNIE WIERZY, WIERZY RÓWNIEŻ W BOGA, KTÓRY MNIE POSŁAŁ.
NIE PRZYSZEDŁEM WAS SĄDZIĆ.
PRZYSZEDŁEM WAS ZBAWIĆ, ABYŚCIE MIELI ŻYCIE WIECZNE!
KIEDY JEZUS OPUSZCZAŁ ŚWIĄTYNIĘ, JEDEN Z UCZNIÓW POWIEDZIAŁ:
SPÓJRZCIE NA TĘ OKAZAŁĄ ŚWIĄTYNIĘ! WSPANIAŁE MIEJSCE, BY WIELBIĆ BOGA!
PEWNEGO DNIA TA ŚWIĄTYNIA BĘDZIE ZNISZCZONA. NIE POZOSTANIE Z NIEJ KAMIEŃ NA KAMIENIU.
PANIE, KIEDY TO SIĘ STANIE?
BĄDŹCIE CZUJNI! BĘDZIECIE SŁYSZEĆ O WOJNACH I KATASTROFACH. NA ŚWIECIE BĘDĄ DZIAĆ SIĘ STRASZNE RZECZY, ALE TO BĘDZIE TYLKO POCZĄTEK KOŃCA.
WIELU BĘDZIE PODAWAĆ SIĘ ZA ZBAWCÓW ŚWIATA. NIE SŁUCHAJCIE ICH.
BĘDĄ JEDYNIE WAS OSZUKIWAĆ.
LUDZIE WAS ZNIENAWIDZĄ. BĘDZIECIE PRZEŚLADOWANI I WTRĄCANI DO WIĘZIENIA ZA WIARĘ WE MNIE. BĘDZIECIE MUSIELI BRONIĆ SIĘ PRZED NAMIESTNIKAMI I KRÓLAMI.
NIE MARTWCIE SIĘ O TO, CO MACIE MÓWIĆ. DAM WAM ODPOWIEDNIE SŁOWA I NIKT NIE BĘDZIE MÓGŁ SIĘ WAM PRZECIWSTAWIĆ.

ZOBACZYCIE JEROZOLIMĘ OTOCZONĄ PRZEZ WOJSKA. WTEDY POZNACIE, ŻE NADCHODZI ZAGŁADA.
JEŚLI BĘDZIECIE W OKOLICY MIASTA, NIE WCHODŹCIE DO NIEGO. UCIEKAJCIE W GÓRY, GDYŻ BÓG BĘDZIE WYMIERZAŁ KARĘ SWEMU LUDOWI.
WIELU BĘDZIE ZABITYCH. INNI ZOSTANĄ UPROWADZENI DO NIEWOLI I ROZPROSZĄ SIĘ PO CAŁYM ŚWIECIE. ŚWIĘTE MIASTO ZOSTANIE OPANOWANE PRZEZ POGAN, AŻ ICH CZAS DOBIEGNIE KOŃCA.
POJAWIĄ SIĘ KATASTROFY I ZNAKI NA NIEBIE. CIAŁA NIEBIESKIE ZOSTANĄ WSTRZĄŚNIĘTE, A LUDZIE BĘDĄ DRŻEĆ ZE STRACHU WOBEC TEGO, CO BĘDZIE DZIAĆ SIĘ NA ZIEMI.
WTEDY ZOBACZYCIE SYNA CZŁOWIECZEGO PRZYCHODZĄCEGO NA OBŁOKU Z WIELKĄ MOCĄ I CHWA-ŁĄ. NIE BÓJCIE SIĘ, BO ZBLIŻA SIĘ WASZE ODKUPIENIE.
GDY ZIELENI SIĘ DRZEWO FIGOWE, POZNAJECIE, ŻE ZBLIŻA SIĘ LATO. GDY NADEJDZIE TO WSZYSTKO, TAK SAMO POZNACIE, ŻE KRÓLESTWO BOŻE JEST JUŻ BLISKO.
BO NIEBO I ZIEMIA ZOSTANĄ ZNISZCZONE, ALE MOJE SŁOWA BĘDĄ TRWAŁY WIECZNIE.
BĄDŹCIE CAŁY CZAS GOTOWI. NIE DAJCIE SIĘ PRZYTŁOCZYĆ GŁUPSTWOM. MÓDLCIE SIĘ, ABYŚCIE MOGLI STANĄĆ BEZPIECZNIE PRZED SYNEM CZŁOWIECZYM.
JEZUS OPOWIEDZIAŁ UCZNIOM TAKĄ HISTORIĘ...
DZIESIĘĆ PANIEN WZIĘŁO SWOJE LAMPY I WYSZŁO OCZEKIWAĆ PANA MŁODEGO.
PAN MŁODY SIĘ SPÓŹNIAŁ, A PANNY ZROBIŁY SIĘ ŚPIĄCE I ZASNĘŁY.
PAN MŁODY NADCHODZI!
PIĘĆ PANIEN BYŁO GŁUPICH. NIE WZIĘŁY ZE SOBĄ OLIWY NA ZAPAS. TERAZ ICH LAMPY BYŁY PUSTE.
POŻYCZYSZ MI TROCHĘ OLIWY?
NIE, BO NIE STARCZY DLA NAS OBU.

PIĘĆ GŁUPICH PANIEN POBIEGŁO DO SKLEPU, ABY KUPIĆ OLIWĘ.
SZYBKO!
W TYM CZASIE PRZYBYŁ PAN MŁODY I WPUŚCIŁ ROZTROPNE PANNY DO ŚRODKA.
PÓŹNIEJ NADESZŁY PANNY GŁUPIE.
PUK!
OTWÓRZCIE DRZWI!
ZA PÓŹNO.
MÓWIĘ WAM, BĄDŹCIE CZUJNI I UWAŻAJCIE! NIGDY NIE WIADOMO, KIEDY NADEJDZIE PAN MŁODY.
OTO CO SIĘ STANIE NA KOŃCU, KIEDY SYN CZŁOWIECZY BĘDZIE SĄDZIŁ ŚWIAT. BĘDZIE ODDZIELAŁ DOBRYCH OD ZŁYCH.
DO DOBRYCH POWIE: „WEJDŹCIE DO KRÓLESTWA, BO GDY BYŁEM GŁODNY, DALIŚCIE MI JEŚĆ, A GDY BYŁEM SPRAGNIONY, DALIŚCIE MI PIĆ.
GDY BYŁEM PRZYBYSZEM, PRZYJĘLIŚCIE MNIE DO SIEBIE. GDY BYŁEM NAGI, CHORY I W WIĘZIENIU, ZAOPIEKOWALIŚCIE SIĘ MNĄ”.
WTEDY ZAPYTAJĄ GO: „KIEDY CI TO WSZYSTKO UCZYNILIŚMY? NIE PAMIĘTAMY”.
A ON IM ODPOWIE: „WSZYSTKO, CO ZROBILIŚCIE DLA LUDZI POTRZEBUJĄCYCH, ZROBILIŚCIE DLA MNIE!”.
NATOMIAST DO ZŁYCH LUDZI POWIE: „NIE DBALIŚCIE O POTRZEBY INNYCH!”. A ONI ODRZEKNĄ: „CZYŻBYŚMY CI KIEDYŚ NIE USŁUŻYLI?”.
A ON IM ODPOWIE: „WSZYSTKO, CZEGO NIE ZROBILIŚCIE DLA INNYCH, TEGO NIE ZROBILIŚCIE DLA MNIE!”.
WÓWCZAS KAŻE UKARAĆ ZŁYCH I NIEWIERZĄCYCH, A SPRAWIEDLIWI OTRZYMAJĄ ŻYCIE WIECZNE.

UCZNIOWIE DZIWILI SIĘ NAUCE JEZUSA. CO MIAŁA ONA ZNACZYĆ?
JUDASZOWI WCALE SIĘ TO NIE PODOBAŁO...
POMYŚLAŁ, ŻE JEZUS POSUWA SIĘ ZA DALEKO. POSTANOWIŁ WIĘC WCIELIĆ W ŻYCIE PLAN, KTÓRY OD JAKIEGOŚ CZASU MIAŁ W GŁOWIE.
WIEDZIAŁ, ŻE KAPŁANI I NAUCZYCIELE PISMA CHCIELI ŚMIERCI JEZUSA...
ALE DOTĄD JESZCZE NIE NADESZŁA ODPOWIEDNIA CHWILA.
MUSIMY POWSTRZYMAĆ JEZUSA!
ARESZTOWANIE GO JAWNIE W CIĄGU DNIA JEST ZBYT RYZYKOWNE.
KAPŁANI MIELI ŚWIADOMOŚĆ, ŻE LUDZIE POPIERAJĄ JEZUSA. ARESZTOWANIE GO PUBLICZNIE, PODCZAS ŚWIĘTA PASCHY, MOGŁOBY SIĘ SKOŃCZYĆ INTERWENCJĄ RZYMSKICH ŻOŁNIERZY.
POTRZEBNY BYŁ JUDASZ.
ZAPLANOWAŁ ON WYDAĆ IM JEZUSA. POSTANOWIŁ WYKORZYSTAĆ OKAZJĘ.
EJ, CZY TO NIE JEDEN Z UCZNIÓW JEZUSA?
ILE MI ZAPŁACICIE, JEŚLI ZAPROWADZĘ WAS DZIŚ W NOCY DO JEZUSA?
DAMY CI 30 SREBRNIKÓW.
KAPŁANI PRZYSTALI NA PLAN JUDASZA. TERAZ MOGLI JUŻ TYLKO CZEKAĆ.
JEZUS RÓWNIEŻ MIAŁ PEWNE PLANY. TYMCZASEM...
W MIEŚCIE SPOTKACIE CZŁOWIEKA NIOSĄCEGO DZBAN. IDŹCIE ZA NIM.
ON WSKAŻE WAM MIEJSCE, GDZIE MOŻEMY SPOŻYĆ RAZEM PASCHĘ.
TO TAM!
DOKŁADNIE TAK JAK POWIEDZIAŁ JEZUS!

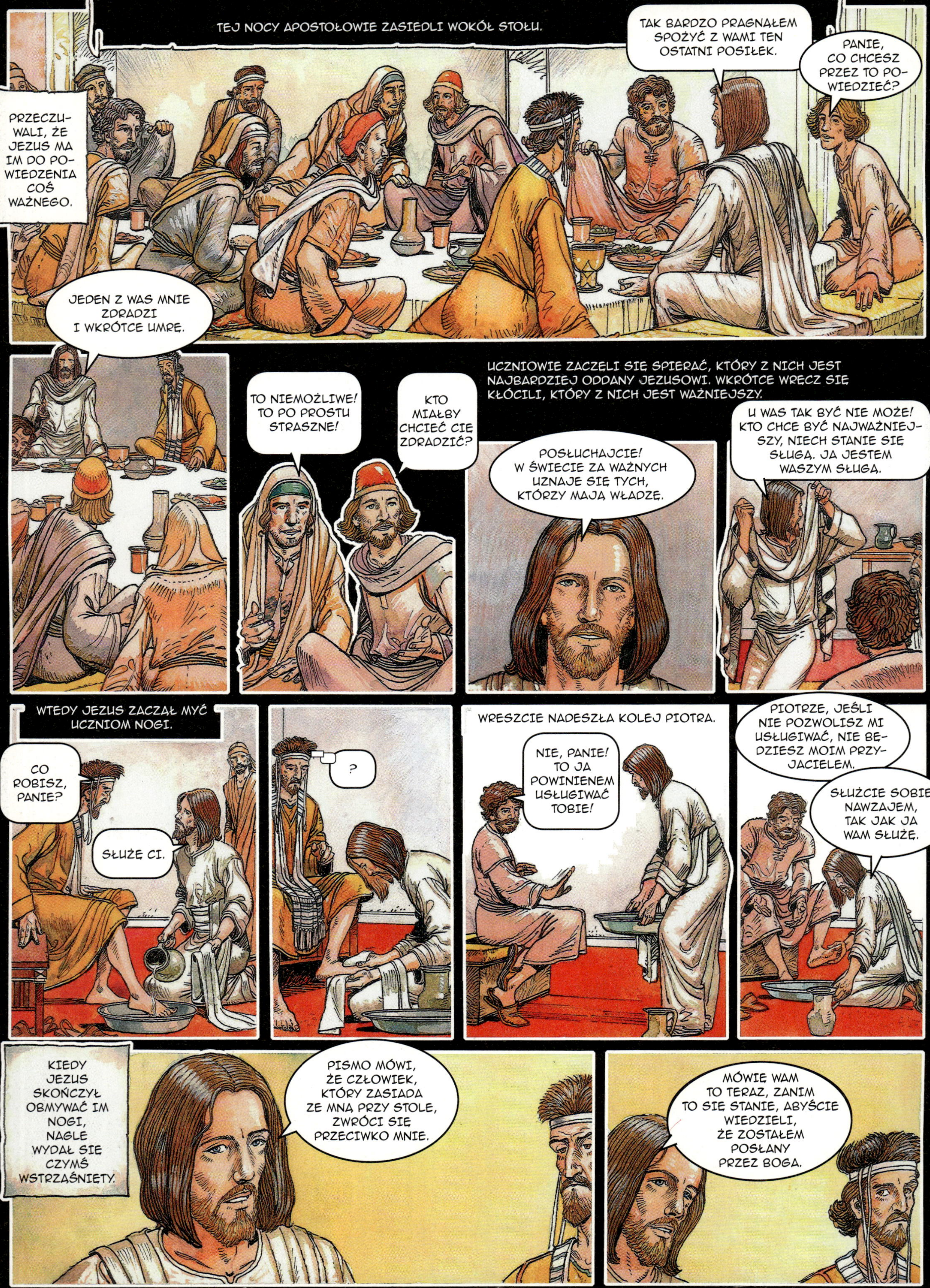
TEJ NOCY APOSTOŁOWIE ZASIEDLI WOKÓŁ STOŁU.
PRZECZUWALI, ŻE JEZUS MA IM DO POWIEDZENIA COŚ WAŻNEGO.
TAK BARDZO PRAGNĄŁEM SPOŻYĆ Z WAMI TEN OSTATNI POSIŁEK.
PANIE, CO CHCESZ PRZEZ TO POWIEDZIEĆ?
JEDEN Z WAS MNIE ZDRADZI I WKRÓTCE UMRĘ.
TO NIEMOŻLIWE! TO PO PROSTU STRASZNE!
KTO MIAŁBY CHCIEĆ CIĘ ZDRADZIĆ?
UCZNIOWIE ZACZĘLI SIĘ SPIERAĆ, KTÓRY Z NICH JEST NAJBARDZIEJ ODDANY JEZUSOWI. WKRÓTCE WRĘCZ SIĘ KŁÓCILI, KTÓRY Z NICH JEST WAŻNIEJSZY.
POSŁUCHAJCIE! W ŚWIECIE ZA WAŻNYCH UZNAJE SIĘ TYCH, KTÓRZY MAJĄ WŁADZĘ.
U WAS TAK BYĆ NIE MOŻE! KTO CHCE BYĆ NAJWAŻNIEJSZY, NIECH STANIE SIĘ SŁUGĄ. JA JESTEM WASZYM SŁUGĄ.
WTEDY JEZUS ZACZĄŁ MYĆ UCZNIOM NOGI.
CO ROBISZ, PANIE?
SŁUŻĘ CI.
?
WRESZCIE NADESZŁA KOLEJ PIOTRA.
NIE, PANIE! TO JA POWINIENEM USŁUGIWAĆ TOBIE!
PIOTRZE, JEŚLI NIE POZWOLISZ MI USŁUGIWAĆ, NIE BĘDZIESZ MOIM PRZYJACIELEM.
SŁUŻCIE SOBIE NAWZAJEM, TAK JAK JA WAM SŁUŻĘ.
KIEDY JEZUS SKOŃCZYŁ OBMYWAĆ IM NOGI, NAGLE WYDAŁ SIĘ CZYMŚ WSTRZĄŚNIĘTY.
PISMO MÓWI, ŻE CZŁOWIEK, KTÓRY ZASIADA ZE MNĄ PRZY STOLE, ZWRÓCI SIĘ PRZECIWKO MNIE.
MÓWIĘ WAM TO TERAZ, ZANIM TO SIĘ STANIE, ABYŚCIE WIEDZIELI, ŻE ZOSTAŁEM POSŁANY PRZEZ BOGA.

PODCZAS WIECZERZY JEZUS WYDAWAŁ SIĘ CORAZ BARDZIEJ PORUSZONY. WRESZCIE POPATRZYŁ NA KAŻDEGO Z NICH I POWIEDZIAŁ:
PRZYJACIELE, MUSZĘ WAM COŚ POWIEDZIEĆ: JEDEN Z WAS WKRÓTCE MNIE ZDRADZI.
UCZNIOWIE BYLI WSTRZĄŚNIĘCI. SPOGLĄDALI TO NA SIEBIE, TO NA JEZUSA.
JANIE, ZAPYTAJ JEZUSA, KTO TO JEST.
PANIE, KTO TO JEST?
TEN, KTÓREMU PODAM CHLEB.
JEZUS ZAMOCZYŁ CHLEB W NACZYNIU I PODAŁ GO... JUDASZOWI.
ZRÓB SZYBKO TO, CO MASZ ZROBIĆ!
UCZNIOWIE NADAL NIE ROZUMIELI.
MOŻE JEZUS PROSI JUDASZA, ABY POSZEDŁ KUPIĆ COŚ NA ŚWIĘTO?
MOŻE JEZUS POSŁAŁ GO, ABY DAŁ PIENIĄDZE UBOGIM?

PODCZAS WIECZERZY JEZUS WZIĄŁ CHLEB I POŁAMAŁ GO.
BIERZCIE I JEDZCIE.
TO JEST MOJE CIAŁO.
WZIĄŁ TEŻ KIELICH I ODMÓWIŁ MODLITWĘ DZIĘKCZYNNĄ.
PIJCIE Z NIEGO WSZYSCY. TO JEST MOJA KREW PRZYMIERZA, KTÓRA JEST WYLANA NA ODPUSZCZENIE GRZECHÓW.
ODTĄD NIE BĘDĘ JUŻ PIŁ Z WAMI WINA AŻ DO DNIA, KIEDY BĘDZIEMY PIĆ JE RAZEM W KRÓLESTWIE BOŻYM.
PO WIECZERZY ODŚPIEWALI PIEŚŃ I UDALI SIĘ NA GÓRĘ OLIWNĄ.
WSZYSCY MNIE OPUŚCICIE. TAK TEŻ NAPISANO: „UMRZE PASTERZ I ROZPROSZĄ SIĘ OWCE!".
KIEDY ZMARTWYCHWSTANĘ, PÓJDĘ PRZED WAMI DO GALILEI.
PANIE, NAWET GDYBY WSZYSCY INNI CIĘ OPUŚCILI, JA TEGO NIE ZROBIĘ. PRZYSIĘGAM!
PIOTRZE, PRAWDA JEST TAKA, ŻE JESZCZE TEJ NOCY, ZANIM KOGUT ZAPIEJE, TRZY RAZY SIĘ MNIE ZAPRZESZ.
ZGINIEMY RAZEM Z TOBĄ!
NA PEWNO!

W DRODZE DO OGRODU GETSEMANI JEZUS ZEBRAŁ UCZNIÓW WOKÓŁ SIEBIE.
NIE MARTWCIE SIĘ. ZAWIERZCIE BOGU I MNIE.
W DOMU MEGO OJCA JEST WIELE MIESZKAŃ.
IDĘ TAM, ABY PRZYGOTOWAĆ WAM MIEJSCE. POTEM WRÓCĘ I ZABIORĘ WAS DO SIEBIE.
ZNACIE JUŻ DROGĘ.
JAK MOŻEMY ZNAĆ DROGĘ, SKORO NIE WIEMY, DOKĄD IDZIESZ?
TOMASZU, JA JESTEM DROGĄ, PRAWDĄ I ŻYCIEM.
JEDYNA DROGA DO OJCA PROWADZI PRZEZE MNIE.
JEZUSIE, POKAŻ NAM OJCA. TO NAM WYSTARCZY.
FILIPIE, KTO MNIE ZOBACZYŁ, ZOBACZYŁ TEŻ OJCA.
OJCIEC ŻYJE WE MNIE I PRZEZE MNIE DOKONUJE SWOICH DZIEŁ.
KTO WIERZY WE MNIE, TEN MOŻE DOKONYWAĆ TEGO SAMEGO, CO JA.
O COKOLWIEK POPROSICIE W MOJE IMIĘ, SPEŁNIĘ TO.
NIE ZOSTAWIĘ WAS SAMYCH. POPROSZĘ OJCA, ABY ZESŁAŁ WAM WSPOMOŻYCIELA – DUCHA PRAWDY. ON NAUCZY WAS WSZYSTKIEGO I OBDARZY WAS POKOJEM.
JEZUS POLECIŁ IM PRZESTRZEGAĆ WSZYSTKIEGO, CO IM POWIEDZIAŁ. JEŚLI TO UCZYNIĄ, NIE BĘDĄ MUSIELI SIĘ MARTWIĆ.
A TERAZ CHODŹMY!

JA JESTEM PRAWDZIWYM KRZEWEM WINOROŚLI. OJCIEC JEST OGRODNIKIEM, A WY GAŁĄZKAMI.
JEŚLI TRWACIE WE MNIE, PRZYNOSICIE OBFITY OWOC. BEZE MNIE NIC NIE MOŻECIE UCZYNIĆ. GAŁĄZKI, KTÓRE NIE PRZYNOSZĄ OWOCU, ODCINA SIĘ I WRZUCA DO OGNIA.
JEŚLI POZOSTANIECIE W ŁĄCZNOŚCI ZE MNĄ I BĘDZIECIE WYPEŁNIAĆ MOJĄ NAUKĘ, SPEŁNI SIĘ WSZYSTKO, O CO POPROSICIE.
JEŚLI MNIE KOCHACIE, TO BĘDZIECIE PRZESTRZEGAĆ MOICH PRZYKAZAŃ. BĘDZIE TO DLA WAS ŹRÓDŁO TAKIEJ SAMEJ RADOŚCI, JAKĄ JA ODCZUWAM. PRAGNĘ, ABYŚCIE BYLI NAPRAWDĘ SZCZĘŚLIWI.
KTO IDZIE ZA MNĄ, PRZYNOSI OBFITY OWOC.
W TEN SPOSÓB ODDAJE CZEŚĆ MOJEMU OJCU.
TRWAJCIE WE MNIE, A JA BĘDĘ TRWAŁ W WAS.
OBDARZAJCIE SIĘ WZAJEMNIE MIŁOŚCIĄ, TAK JAK JA WAS NIĄ DARZĘ.
ZBLIŻALI SIĘ WŁAŚNIE DO OGRODU.
WEJDŹMY TAM.
JA DARZYŁEM CIĘ CZCIĄ NA ZIEMI. TERAZ TY OBDARZ MNIE CHWAŁĄ U SIEBIE W NIEBIE.
OJCZE, WYPEŁNIŁEM DZIEŁO, KTÓRE MI ZLECIŁEŚ.
PROSZĘ ZA TYMI, KTÓRYCH MI POWIERZYŁEŚ, ABY BYLI JEDNO. ABY ŚWIAT UWIERZYŁ, ŻE TO TY MNIE POSŁAŁEŚ I KOCHASZ ICH TAK, JAK MNIE.

PROSZĘ CIĘ TAKŻE ZA TYMI, KTÓRZY UWIERZĄ WE MNIE DZIĘKI ICH ŚWIADECTWU. PROSZĘ, ABY WSZYSCY BYLI JEDNYM CIAŁEM.
NIECH MIŁOŚĆ, KTÓRĄ JA DARZĘ CIEBIE, A TY MNIE, BĘDZIE W NICH OBECNA, ABY ONI TEŻ WZAJEMNIE SIĘ KOCHALI.
PIOTRZE, JAKUBIE I JANIE, CHODŹCIE MODLIĆ SIĘ ZE MNĄ! RESZTA NIECH TU POCZEKA.
CZUJĘ, ŻE ŚMIERĆ JEST BLISKO. ZOSTAŃCIE TU I CZUWAJCIE.
ABBA, OJCZE, JEŚLI TO MOŻLIWE, ODDAL ODE MNIE TEN KIELICH CIERPIENIA.
NIECH SIĘ JEDNAK STANIE NIE MOJA, ALE TWOJA WOLA!
WTEDY JEZUSOWI UKAZAŁ SIĘ ANIOŁ Z NIEBA I DODAWAŁ MU SIŁ.
SZYMONIE PIOTRZE, NIE ŚPIJ! CZUWAJCIE I MÓDLCIE SIĘ O POTRZEBNE SIŁY.
OJCZE, NIE TO JEST WAŻNE, CO JA CHCĘ, ALE CO TY CHCESZ!
JEZUS PONOWNIE ZASTAŁ PIOTRA, JAKUBA I JANA ŚPIĄCYCH.
TO JUŻ NIEWAŻNE, MUSIMY IŚĆ! NADCHODZI TEN, KTÓRY MNIE WYDA.

JUDASZ I ZGRAJA ŻOŁNIERZY BYLI JUŻ W DRODZE.
TEN, KTÓREGO POCAŁUJĘ, TO JEZUS.
TO ON!
RABBI, NAUCZYCIELU!
MÓJ PRZYJACIELU, TYM POCAŁUNKIEM MNIE ZDRADZASZ.
KOGO SZUKACIE?
JEZUSA Z NAZARETU.
JA NIM JESTEM.
DLACZEGO WYSZLIŚCIE PO MNIE Z KIJAMI I MIECZAMI? CZY JESTEM ZŁOCZYŃCĄ?
SKORO TO MNIE SZUKACIE, POZWÓLCIE ODEJŚĆ MOIM PRZYJACIOŁOM.
JEZUS POWIEDZIAŁ TO, ABY WYPEŁNIŁY SIĘ SŁOWA: „NIE UTRACIŁEM NIKOGO Z TYCH, KTÓRYCH POWIERZYŁ MI BÓG”.

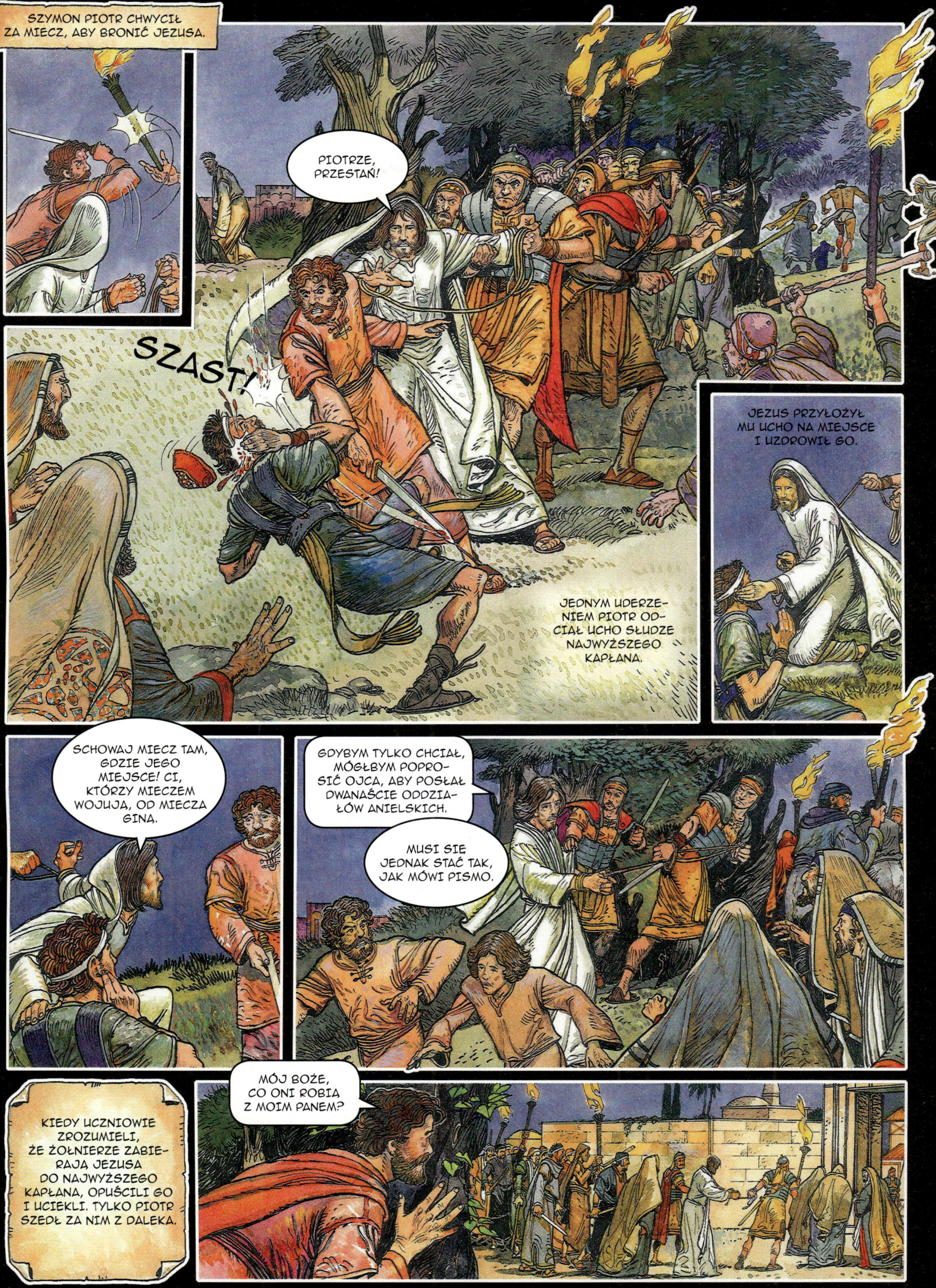
SZYMON PIOTR CHWYCIŁ ZA MIECZ, ABY BRONIĆ JEZUSA.
PIOTRZE, PRZESTAŃ!
SZAST!
JEDNYM UDERZENIEM PIOTR ODCIĄŁ UCHO SŁUDZE NAJWYŻSZEGO KAPŁANA.
JEZUS PRZYŁOŻYŁ MU UCHO NA MIEJSCE I UZDROWIŁ GO.
SCHOWAJ MIECZ TAM, GDZIE JEGO MIEJSCE! CI, KTÓRZY MIECZEM WOJUJĄ, OD MIECZA GINĄ.
GDYBYM TYLKO CHCIAŁ, MÓGŁBYM POPROSIĆ OJCA, ABY POSŁAŁ DWANAŚCIE ODDZIAŁÓW ANIELSKICH.
MUSI SIĘ JEDNAK STAĆ TAK, JAK MÓWI PISMO.
KIEDY UCZNIOWIE ZROZUMIELI, ŻE ŻOŁNIERZE ZABIERAJĄ JEZUSA DO NAJWYŻSZEGO KAPŁANA, OPUŚCILI GO I UCIEKLI. TYLKO PIOTR SZEDŁ ZA NIM Z DALEKA.
MÓJ BOŻE, CO ONI ROBIĄ Z MOIM PANEM?

Śmierć i zmartwychwstanie

NAJPIERW JEZUSA PRZESŁUCHIWANO NA DZIEDZIŃCU PAŁACU NAJWYŻSZEGO KAPŁANA. PIOTR POSZEDŁ TAM ZA NIM.
EJ TY! CZY NIE JESTEŚ JEDNYM Z UCZNIÓW JEZUSA?
CO?
JESTEŚ! WIDZIAŁAM CIĘ Z NIM!
NIE JESTEM!
JESTEM PEWNA! TEN CZŁOWIEK JEST UCZNIEM JEZUSA.
NIE MAM POJĘCIA, O CZYM ONA MÓWI!
ZNASZ GO. JESTEŚ Z GALILEI. ZDRADZA CIĘ TWÓJ AKCENT.
NIE ZNAM TEGO CZŁOWIEKA!
CO ROBIĆ?
DOKŁADNIE W TYM MOMENCIE ZAPIAŁ KOGUT. PIOTR PRZYPOMNIAŁ SOBIE, CO POWIEDZIAŁ JEZUS.
O PANIE, PRZEPRASZAM!

PRZYWÓDCY ŻYDOWSCY OD DAWNA CHCIELI ZABIĆ JEZUSA. KIEDY WIĘC JEZUS PRZEBYWAŁ NA DZIEDZIŃCU DOMU ANNASZA, PRZEDSTAWIALI DOWODY PRZECIWKO JEZUSOWI. NIEKTÓRZY Z NICH SKŁADALI FAŁSZYWE ZEZNANIA. ICH OSKARŻENIA BYŁY BEZPODSTAWNE.
SŁYSZELIŚMY, JAK MÓWIŁ, ŻE ZBURZY ŚWIĄTYNIĘ I SAM WYBUDUJE NOWĄ!
TAK BYŁO!
MÓW, PROROKU. CZY TO PRAWDA?
CZY JESTEŚ MESJASZEM, SYNEM BOŻYM?
ODPOWIEDZ MI!
TAK, JESTEM.
ZAPEWNIAM WAS, ŻE UJRZYCIE SYNA CZŁOWIECZEGO ZASIADAJĄCEGO PO PRAWEJ STRONIE BOGA I POWRACAJĄCEGO NA ZIEMIĘ WŚRÓD OBŁOKÓW NIEBIESKICH.
TO CZYSTE BLUŹNIERSTWO! CZY TO NIE JEST WYSTARCZAJĄCY DOWÓD?
WTEDY ZACZĘLI ŚMIAĆ SIĘ Z NIEGO, PLULI NA NIEGO I UDERZALI GO PIĘŚCIAMI.
ZA KOGO SIĘ UWAŻASZ? ZA SAMEGO BOGA?
A MASZ!
ZGADNIJ, KTO CIĘ UDERZYŁ!

JEZUS PRZED KAJFASZEM J 18, 12-14. 19-24; ŁK 23, 1-3

TWIERDZI NAWET, ŻE JEST KRÓLEM ŻYDÓW!
TO PRAWDA? JESTEŚ KRÓLEM?
TY TO POWIEDZIAŁEŚ.
NIE ZNAJDUJĘ ŻADNEJ WINY W TYM CZŁOWIEKU.
ŻADNEJ WINY? PODBURZAŁ LUD OD GALILEI AŻ PO JEROZOLIMĘ!
TŁUM ZEBRANY POD PAŁACEM KRZY- CZAŁ JUŻ TAK GŁOŚNO, ŻE PIŁAT WSZEDŁ Z JEZUSEM DO ŚRODKA.
JEŚLI TEN CZŁOWIEK POCHODZI Z GALILEI, TO PODLEGA WŁADZY KRÓLA HERODA. LEPIEJ WYŚLĘ GO DO HERODA.
DLACZEGO NIE BRONISZ SIĘ PRZED TYMI OSKARŻENIAMI?
NIE MAM SIĘ PRZED CZYM BRONIĆ.
NIECH WASZ NARÓD OSĄDZI GO ZGODNIE Z WASZYM PRAWEM. JA NIE ZNAJDUJĘ W NIM ŻADNEJ WINY.
ALE NASZE PRAWO NIE POZWALA NAM NIKOGO ZABIĆ.
JEZUSIE, CZY NAPRAW- DĘ UWAŻASZ SIĘ ZA KRÓLA?
MOJE KRÓLESTWO NIE JEST Z TEGO ŚWIATA. GDY- BY MOJE KRÓLE- STWO BYŁO Z TEGO ŚWIATA, MOI POD- WŁADNI WALCZY- LIBY, ABYM NIE ZOSTAŁ WYDANY ŻYDOM.

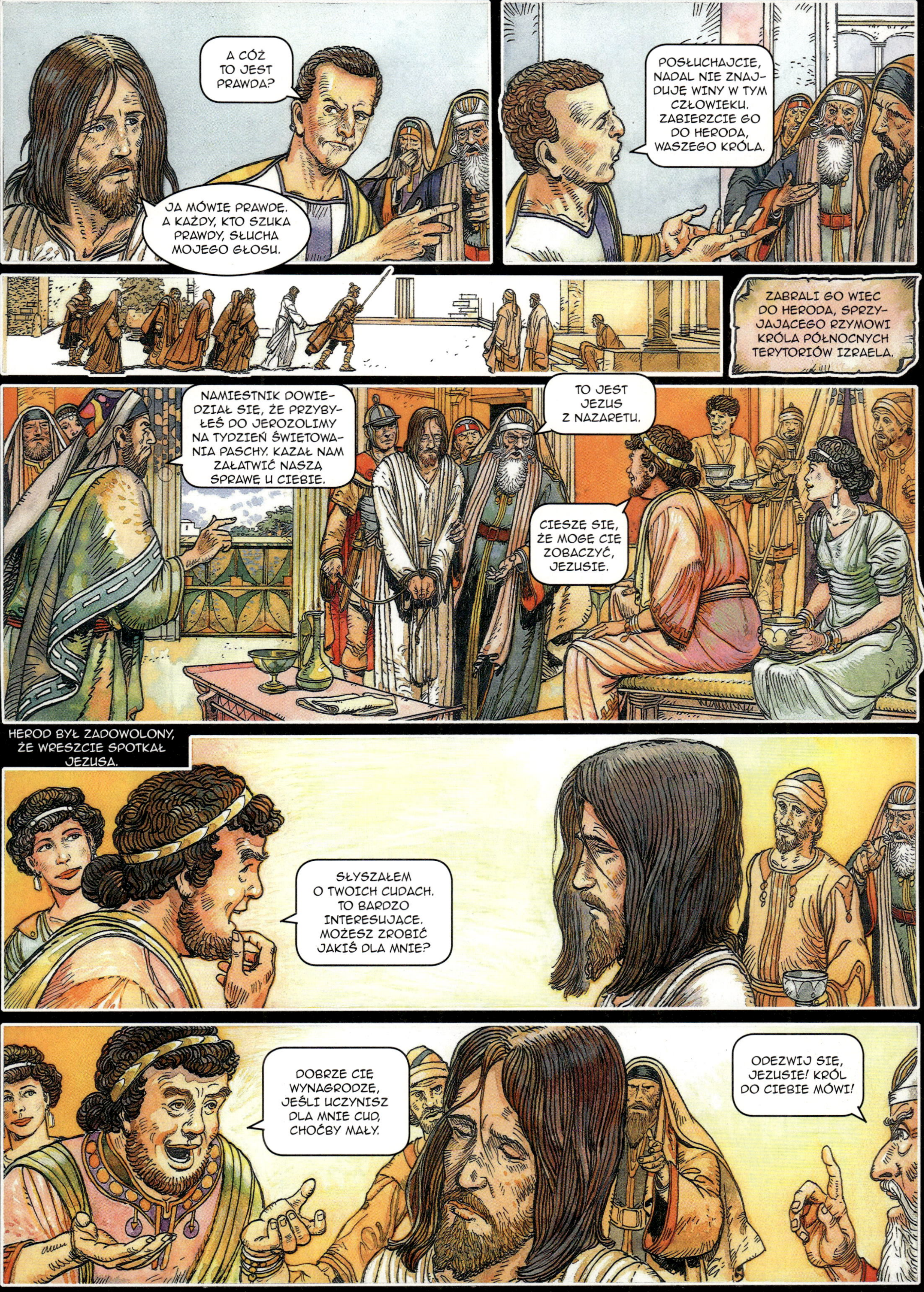
A CÓŻ TO JEST PRAWDA?
JA MÓWIE PRAWDE. A KAŻDY, KTO SZUKA PRAWDY, SŁUCHA MOJEGO GŁOSU.
POSŁUCHAJCIE, NADAL NIE ZNAJDUJE WINY W TYM CZŁOWIEKU. ZABIERZCIE GO DO HERODA, WASZEGO KRÓLA.
ZABRALI GO WIEC DO HERODA, SPRZYJAJACEGO RZYMOWI KRÓLA PÓŁNOCNYCH TERYTORIÓW IZRAELA.
NAMIESTNIK DOWIEDZIAŁ SIE, ŻE PRZYBYŁEŚ DO JEROZOLIMY NA TYDZIEŃ ŚWIETOWANIA PASCHY. KAZAŁ NAM ZAŁATWIĆ NASZA SPRAWE U CIEBIE.
TO JEST JEZUS Z NAZARETU.
CIESZE SIE, ŻE MOGE CIE ZOBACZYĆ, JEZUSIE.
HEROD BYŁ ZADOWOLONY, ŻE WRESZCIE SPOTKAŁ JEZUSA.
SŁYSZAŁEM O TWOICH CUDACH. TO BARDZO INTERESUJACE. MOŻESZ ZROBIĆ JAKIŚ DLA MNIE?
DOBRZE CIE WYNAGRODZE, JEŚLI UCZYNISZ DLA MNIE CUD, CHOĆBY MAŁY.
ODEZWIJ SIE, JEZUSIE! KRÓL DO CIEBIE MÓWI!

SKORO JESTEŚ KRÓLEM ŻYDÓW,
POWINIENEŚ MIEĆ ODPOWIEDNI STRÓJ.
HI, HI!
WITAJ NA NASZYM MAŁYM PRZYJĘCIU!
MILCZY JAK GŁAZ!
NIE JESTEŚ ZBYT ROZMOWNY, KRÓLU!
TO NIE MA SENSU. ZABIERZCIE GO Z POWROTEM DO PIŁATA!
ZABRANO WIĘC JEZUSA DO PAŁACU NAMIESTNIKA.
WRÓCILIŚCIE?!
JUŻ WAM POWIEDZIAŁEM, ŻE NIE MA W NIM WINY. NIE ZAMIERZAM SKAZYWAĆ GO NA ŚMIERĆ.
WYCHŁOSZCZEMY GO I WYPUŚCIMY. TO POWINNO WYSTARCZYĆ.

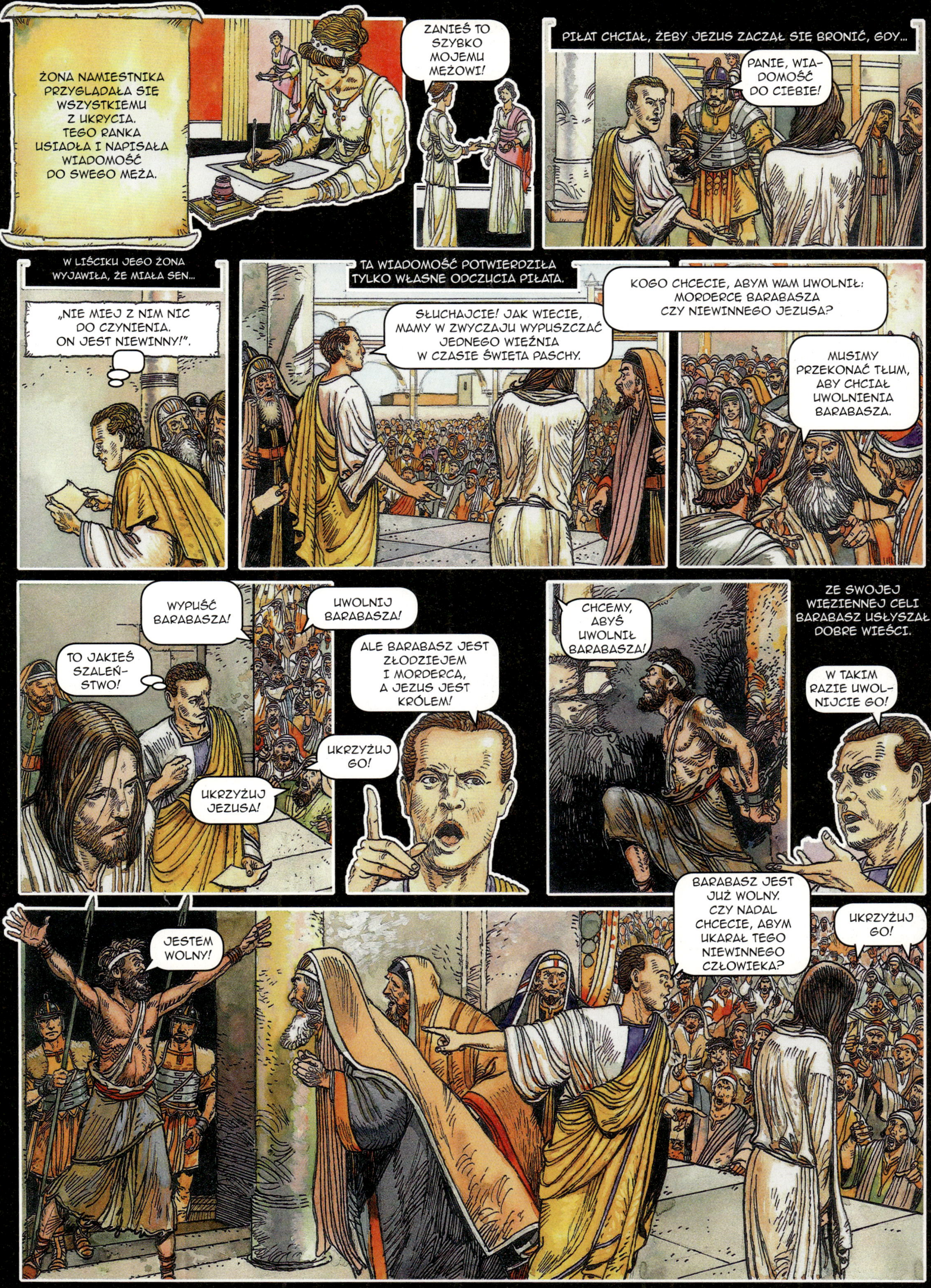

ŻONA NAMIESTNIKA PRZYGLĄDAŁA SIĘ WSZYSTKIEMU Z UKRYCIA. TEGO RANKA USIADŁA I NAPISAŁA WIADOMOŚĆ DO SWEGO MĘŻA.
ZANIEŚ TO SZYBKO MOJEMU MĘŻOWI!
PIŁAT CHCIAŁ, ŻEBY JEZUS ZACZĄŁ SIĘ BRONIĆ, GDY...
PANIE, WIADOMOŚĆ DO CIEBIE!
W LIŚCIKU JEGO ŻONA WYJAWIŁA, ŻE MIAŁA SEN...
„NIE MIEJ Z NIM NIC DO CZYNIENIA. ON JEST NIEWINNY!”.
TA WIADOMOŚĆ POTWIERDZIŁA TYLKO WŁASNE ODCZUCIA PIŁATA.
SŁUCHAJCIE! JAK WIECIE, MAMY W ZWYCZAJU WYPUSZCZAĆ JEDNEGO WIĘŹNIA W CZASIE ŚWIĘTA PASCHY.
KOGO CHCECIE, ABYM WAM UWOLNIŁ: MORDERCĘ BARABASZA CZY NIEWINNEGO JEZUSA?
MUSIMY PRZEKONAĆ TŁUM, ABY CHCIAŁ UWOLNIENIA BARABASZA.
WYPUŚĆ BARABASZA!
UWOLNIJ BARABASZA!
TO JAKIEŚ SZALEŃSTWO!
UKRZYŻUJ JEZUSA!
ALE BARABASZ JEST ZŁODZIEJEM I MORDERCĄ, A JEZUS JEST KRÓLEM!
UKRZYŻUJ GO!
CHCEMY, ABYŚ UWOLNIŁ BARABASZA!
ZE SWOJEJ WIĘZIENNEJ CELI BARABASZ USŁYSZAŁ DOBRE WIEŚCI.
W TAKIM RAZIE UWOLNIJCIE GO!
JESTEM WOLNY!
BARABASZ JEST JUŻ WOLNY. CZY NADAL CHCECIE, ABYM UKARAŁ TEGO NIEWINNEGO CZŁOWIEKA?
UKRZYŻUJ GO!

ALE JAKIEJ ZBRODNI SIĘ DOPUŚCIŁ?
UKRZYŻUJ GO!
PIŁAT ZROZUMIAŁ, ŻE NIE JEST W STANIE NIC ZROBIĆ, ABY ZAPOBIEC TEMU MORDERSTWU W IMIENIU PRAWA. BAŁ SIĘ WYBUCHU ZAMIESZEK POD PAŁACEM
WY JESTEŚCIE ZA TO ODPOWIEDZIALNI. JA NIE PONOSZĘ WINY ZA ŚMIERĆ TEGO CZŁOWIEKA.
NIECH JEGO KREW SPADNIE NA NAS I NA NASZE DZIECI!
KIEDY JUDASZ DOWIEDZIAŁ SIĘ, ŻE JEGO PAN, SPRZEDANY PRZEZ NIEGO ZA 30 SZTUK SREBRA, ZOSTAŁ SKAZANY NA ŚMIERĆ, ZROZUMIAŁ SWÓJ BŁĄD.
UKRZYŻUJ JEZUSA!
MÓJ BOŻE, CO JA ZROBIŁEM!

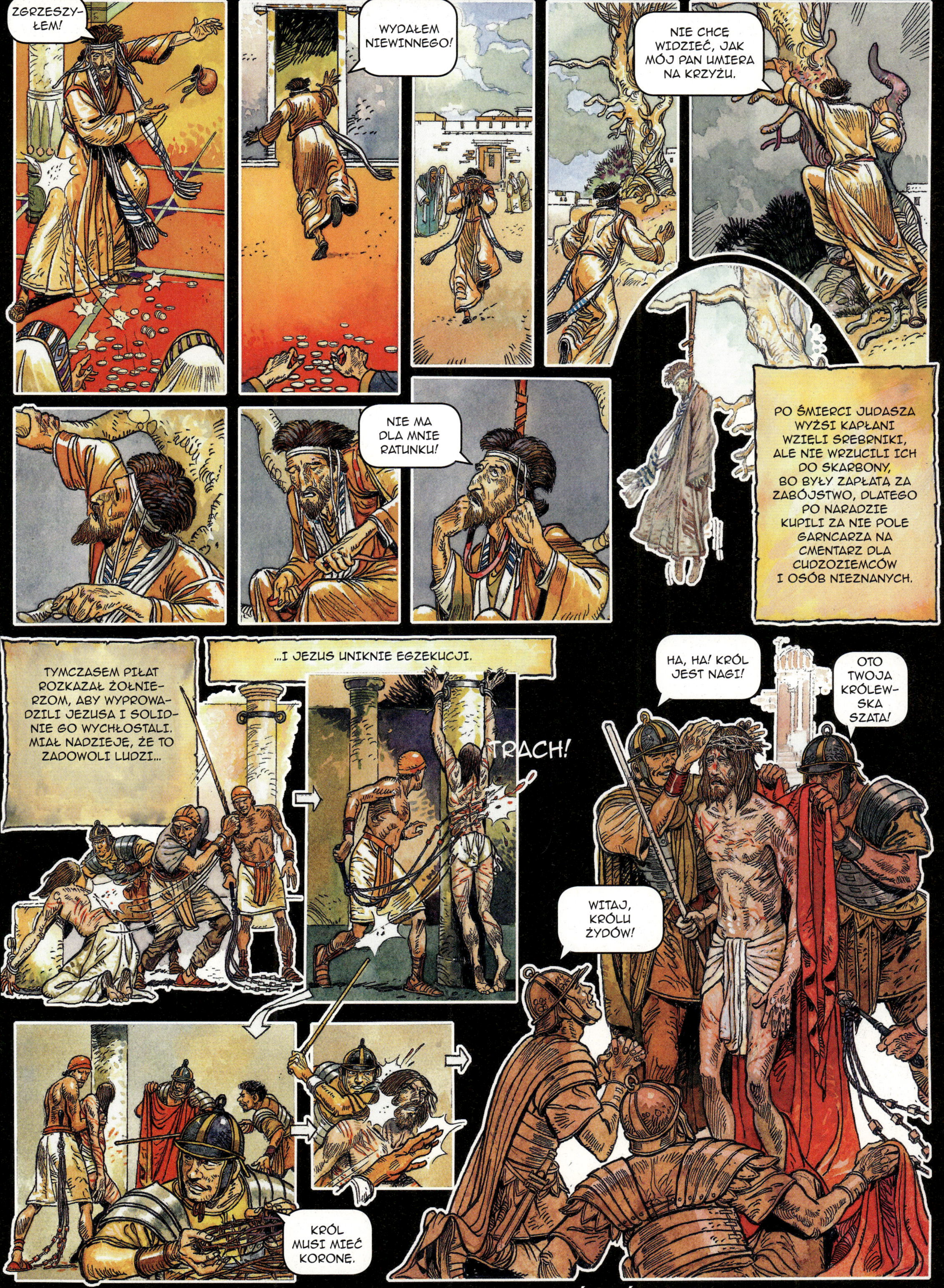
ZGRZESZYŁEM!
WYDAŁEM NIEWINNEGO!
NIE CHCĘ WIDZIEĆ, JAK MÓJ PAN UMIERA NA KRZYŻU.
NIE MA DLA MNIE RATUNKU!
PO ŚMIERCI JUDASZA WYŻSI KAPŁANI WZIĘLI SREBRNIKI, ALE NIE WRZUCILI ICH DO SKARBONY, BO BYŁY ZAPŁATĄ ZA ZABÓJSTWO, DLATEGO PO NARADZIE KUPILI ZA NIE POLE GARNCARZA NA CMENTARZ DLA CUDZOZIEMCÓW I OSÓB NIEZNANYCH.
TYMCZASEM PIŁAT ROZKAZAŁ ŻOŁNIERZOM, ABY WYPROWADZILI JEZUSA I SOLIDNIE GO WYCHŁOSTALI. MIAŁ NADZIEJĘ, ŻE TO ZADOWOLI LUDZI...
...I JEZUS UNIKNIE EGZEKUCJI.
TRACH!
KRÓL MUSI MIEĆ KORONĘ.
HA, HA! KRÓL JEST NAGI!
OTO TWOJA KRÓLEWSKA SZATA!
WITAJ, KRÓLU ŻYDÓW!

OTO CZŁOWIEK!
MUSISZ GO UKRZYŻOWAĆ!
NAZYWA SIEBIE SYNEM BOŻYM.
CZY NIE MÓWIŁEM WAM, ŻE NIE WIDZĘ POWODU, ABY GO ZABIJAĆ? JEST NIEWINNY!
WEDŁUG NASZEGO PRAWA DOPUŚCIŁ SIĘ BLUŹNIERSTWA I MUSI UMRZEĆ.
JEŚLI JEST KRÓLEM, JEST TEŻ WROGIEM CESARZA. A MY NIE MAMY INNEGO KRÓLA OPRÓCZ CESARZA.
CZY JESTEŚ KRÓLEM I BOGIEM? SKĄD POCHODZISZ?
JEZUS NADAL MILCZAŁ.
ODPOWIEDZ MI!
CZY NIE WIESZ, ŻE MAM WŁADZĘ CIĘ ZABIĆ LUB UWOLNIĆ?
NIE MASZ NADE MNĄ ŻADNEJ WŁADZY OPRÓCZ TEJ, KTÓRĄ DAŁ CI BÓG.
NIE MOGĘ MU POMÓC.
PIŁAT WYDAŁ WIĘC JEZUSA W RĘCE SWOICH ŻOŁNIERZY.
UKRZYŻUJ GO!

ZBLIŻAŁO SIĘ POŁUDNIE, A BYŁ TO DZIEŃ PRZYGOTOWANIA DO SZABATU.
ZABIERZCIE SWOJEGO KRÓLA I ZRÓBCIE Z NIM, CO CHCECIE!
KAŻ GO UKRZYŻOWAĆ!
ŻOŁNIERZE PIŁATA ZABRALI JEZUSA I WŁOŻYLI MU CIĘŻKI KRZYŻ NA RAMIONA.
PO DRODZE WYCIEŃCZONY JEZUS UPADAŁ NA ZIEMIĘ.
EJ TY! POMÓŻ MU!
DLACZEGO JA?
BO TAK POWIEDZIAŁEM.
CÓRKI JERUZALEM, NIE PŁACZCIE NADE MNĄ! PŁACZCIE NAD SOBĄ I SWOIMI DZIEĆMI. PRZYJDZIE CZAS, KIEDY SZCZĘŚLIWE BĘDĄ TE, KTÓRE NIE MAJĄ MAŁYCH DZIECI.
WTEDY LUDZIE BĘDĄ BŁAGAĆ GÓRY, ABY NA NICH PADŁY.
JEŚLI COŚ TAKIEGO CZYNIĄ Z ZIELONYM DRZEWEM, CO STANIE SIĘ Z USCHNIĘTYM?

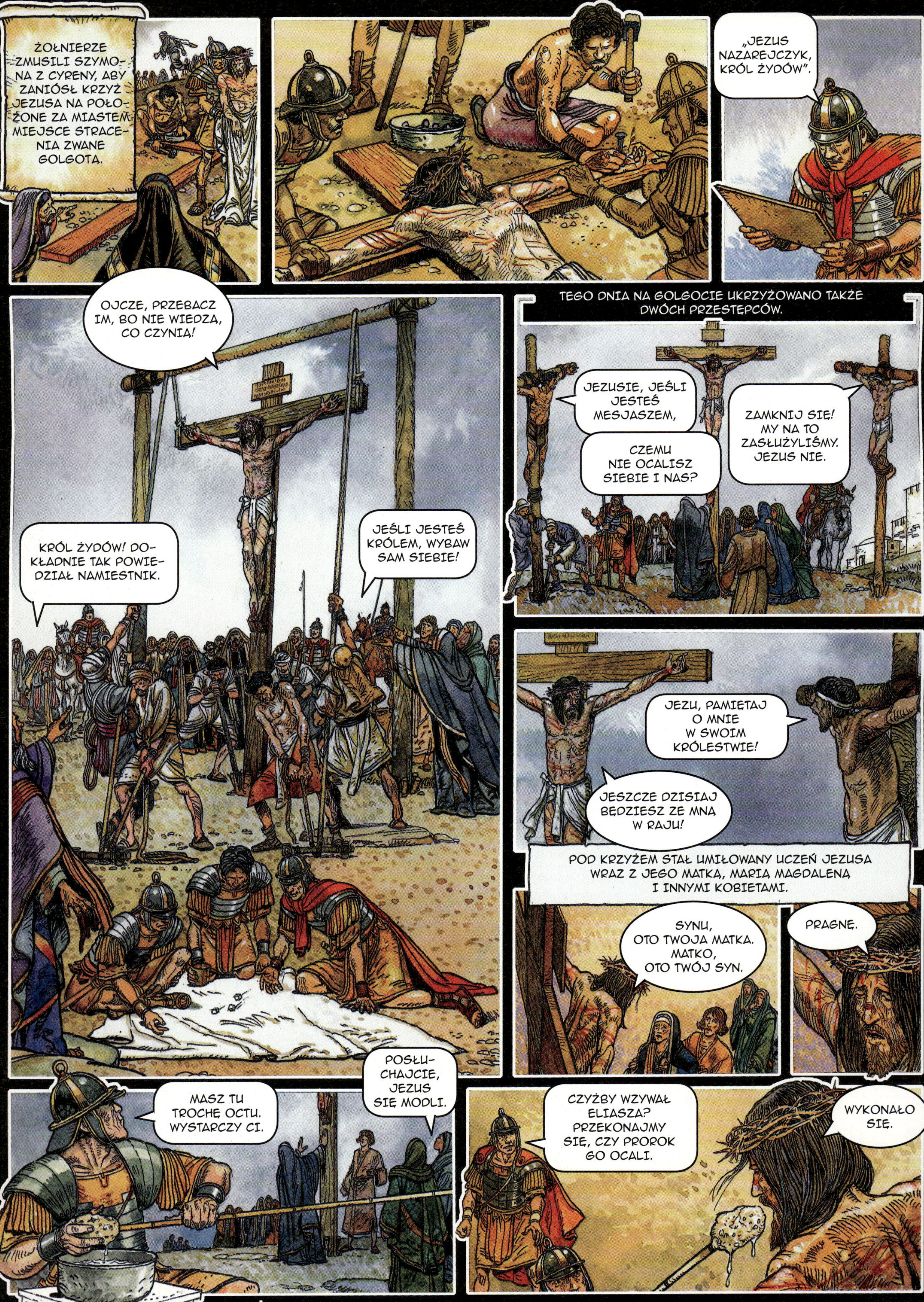
ŻOŁNIERZE ZMUSILI SZYMONA Z CYRENY, ABY ZANIÓSŁ KRZYŻ JEZUSA NA POŁOŻONE ZA MIASTEM MIEJSCE STRACENIA ZWANE GOLGOTĄ.
„JEZUS NAZAREJCZYK, KRÓL ŻYDÓW".
OJCZE, PRZEBACZ IM, BO NIE WIEDZĄ, CO CZYNIĄ!
KRÓL ŻYDÓW! DOKŁADNIE TAK POWIEDZIAŁ NAMIESTNIK.
JEŚLI JESTEŚ KRÓLEM, WYBAW SAM SIEBIE!
TEGO DNIA NA GOLGOCIE UKRZYŻOWANO TAKŻE DWÓCH PRZESTĘPCÓW.
JEZUSIE, JEŚLI JESTEŚ MESJASZEM,
CZEMU NIE OCALISZ SIEBIE I NAS?
ZAMKNIJ SIĘ! MY NA TO ZASŁUŻYLIŚMY. JEZUS NIE.
JEZU, PAMIĘTAJ O MNIE W SWOIM KRÓLESTWIE!
JESZCZE DZISIAJ BĘDZIESZ ZE MNĄ W RAJU!
POD KRZYŻEM STAŁ UMIŁOWANY UCZEŃ JEZUSA WRAZ Z JEGO MATKĄ, MARIĄ MAGDALENĄ I INNYMI KOBIETAMI.
SYNU, OTO TWOJA MATKA. MATKO, OTO TWÓJ SYN.
PRAGNĘ.
MASZ TU TROCHĘ OCTU. WYSTARCZY CI.
POSŁUCHAJCIE, JEZUS SIĘ MODLI.
CZYŻBY WZYWAŁ ELIASZA? PRZEKONAJMY SIĘ, CZY PROROK GO OCALI.
WYKONAŁO SIĘ.

BOŻE MÓJ, BOŻE MÓJ, CZEMUŚ MNIE OPUŚCIŁ?
W TEN SPOSÓB JEZUS WYDAŁ Z SIEBIE OSTATNIE TCHNIENIE I UMARŁ.
AAAA!
OJCZE, W TWOJE RECE ODDAJE MOJEGO DUCHA!
DOKŁADNIE W TEJ CHWILI ZASŁONA W ŚWIĄTYNI ROZDARŁA SIE Z GÓRY NA DÓŁ NA DWIE CZEŚCI. ZIEMIA ZADRŻAŁA OD POTEŻNEGO WSTRZASU. GROBOWCE OTWORZYŁY SIE, A WIELU LUDZI POWSTAŁO Z MARTWYCH I PRZECHADZAŁO SIE MIEDZY GROBAMI.

PRZYWÓDCY ŻYDOWSCY CHCIELI, ABY USUNIĘTO CIAŁA PRZED ZACHODEM SŁOŃCA, KIEDY TO ZACZYNAŁ SIĘ WIELKI PASCHALNY SZABAT.
POŁAMCIE IM NOGI, ABY MIEĆ PEWNOŚĆ, ŻE UMRĄ I BĘDĄ POCHOWANI PRZED ZAPADNIĘCIEM ZMROKU.
DOBRZE, JUŻ SIĘ ROBI.
ŻOŁNIERZE WYKONALI ROZKAZ, ALE KIEDY PODESZLI DO JEZUSA...
JEMU NIE. ON JUŻ NIE ŻYJE.
ŁUP!
ZAMIAST TEGO ŻOŁNIERZ PRZEBIŁ MU BOK WŁÓCZNIĄ.
Z BOKU WYTRYSNĘŁA KREW I WODA. TAK WYPEŁNIŁY SIĘ SŁOWA PISMA: „NIE BĘDZIECIE ŁAMAĆ JEGO KOŚCI”.
„BĘDĄ PATRZEĆ NA TEGO, KTÓREGO PRZEBILI”.
ON RZECZYWIŚCIE BYŁ SYNEM BOŻYM. TO PEWNE.
DO PIŁATA PRZYSZEDŁ BOGATY ŻYD, JÓZEF Z ARYMATEI.
POZWÓL MI ZABRAĆ CIAŁO JEZUSA I POCHOWAĆ GO.
JÓZEF BYŁ UCZNIEM JEZUSA, ALE POZOSTAWAŁ W UKRYCIU. W TEN SPOSÓB CHCIAŁ ODDAĆ CZEŚĆ SWOJEMU ZMARŁEMU PANU.
JÓZEF I JEGO PRZYJACIEL NIKODEM...
...ZDJĘLI CIAŁO JEZUSA Z KRZYŻA I OWINĘLI JE W PŁÓTNO Z WONNOŚCIAMI. BYŁ TO TRADYCYJNY ŻYDOWSKI SPOSÓB BALSAMOWANIA ZMARŁYCH.

POCHOWAMY PANA W GROBOWCU, KTÓRY KAZAŁEM WYKUĆ DLA SIEBIE.
KOBIETY, KTÓRE WCZEŚNIEJ SŁUCHAŁY JEZUSA I CHODZIŁY ZA NIM, OBSERWOWAŁY JEGO POGRZEB.
POTEM ZAMKNĘLI WEJŚCIE.
NASTĘPNEGO DNIA WYŻSI KAPŁANI I FARYZEUSZE PRZYSZLI DO PIŁATA I PROSILI, ABY ZAPIECZĘTOWAŁ GRÓB I KAZAŁ GO STRZEC DNIEM I NOCĄ.
PAMIĘTAMY, JAK TEN OSZUST MÓWIŁ, ŻE PO TRZECH DNIACH ZMARTWYCHWSTANIE.
WŁAŚNIE, JEGO UCZNIOWIE MOGĄ PRZYJŚĆ I WYKRAŚĆ JEGO CIAŁO.
ZAPIECZĘTOWANO WIĘC DOKŁADNIE GRÓB, ABY UCZNIOWIE NIE WYKRADLI CIAŁA I NIE TWIERDZILI PÓŹNIEJ, ŻE JEZUS POWSTAŁ Z MARTWYCH.

W NIEDZIELĘ Z SAMEGO RANA MARIA MAGDALENA WRAZ Z DRUGĄ MARIĄ POSZŁY DO GROBU.
NAGLE ROZBŁYSŁO ŚWIATŁO, A ZIEMIA ZADRŻAŁA. NAWET STRAŻNICY SIĘ PRZERAZILI.
CO TO? TRZĘSIENIE ZIEMI?
PATRZ! ANIOŁ!
NIE BÓJCIE SIĘ! JEZUSA TU NIE MA. CHODŹCIE I ZOBACZCIE!
ACH!
SZUKACIE JEZUSA UKRZYŻOWANEGO? ON ZMARTWYCHWSTAŁ!
SPOTKACIE GO W GALILEI. IDŹCIE I POWIEDZCIE O TYM PIOTROWI I POZOSTAŁYM UCZNIOM!
UCZNIOWIE PRZEBYWALI RAZEM I OPŁAKIWALI ŚMIERĆ PANA. NIE MOGLI UWIERZYĆ W TO, CO POWIEDZIAŁY IM KOBIETY.
JEZUS ZMARTWYCHWSTAŁ? CHYBA ŻARTUJECIE.
MOŻE MAJĄ RACJĘ.
PIOTRZE, IDZIEMY!

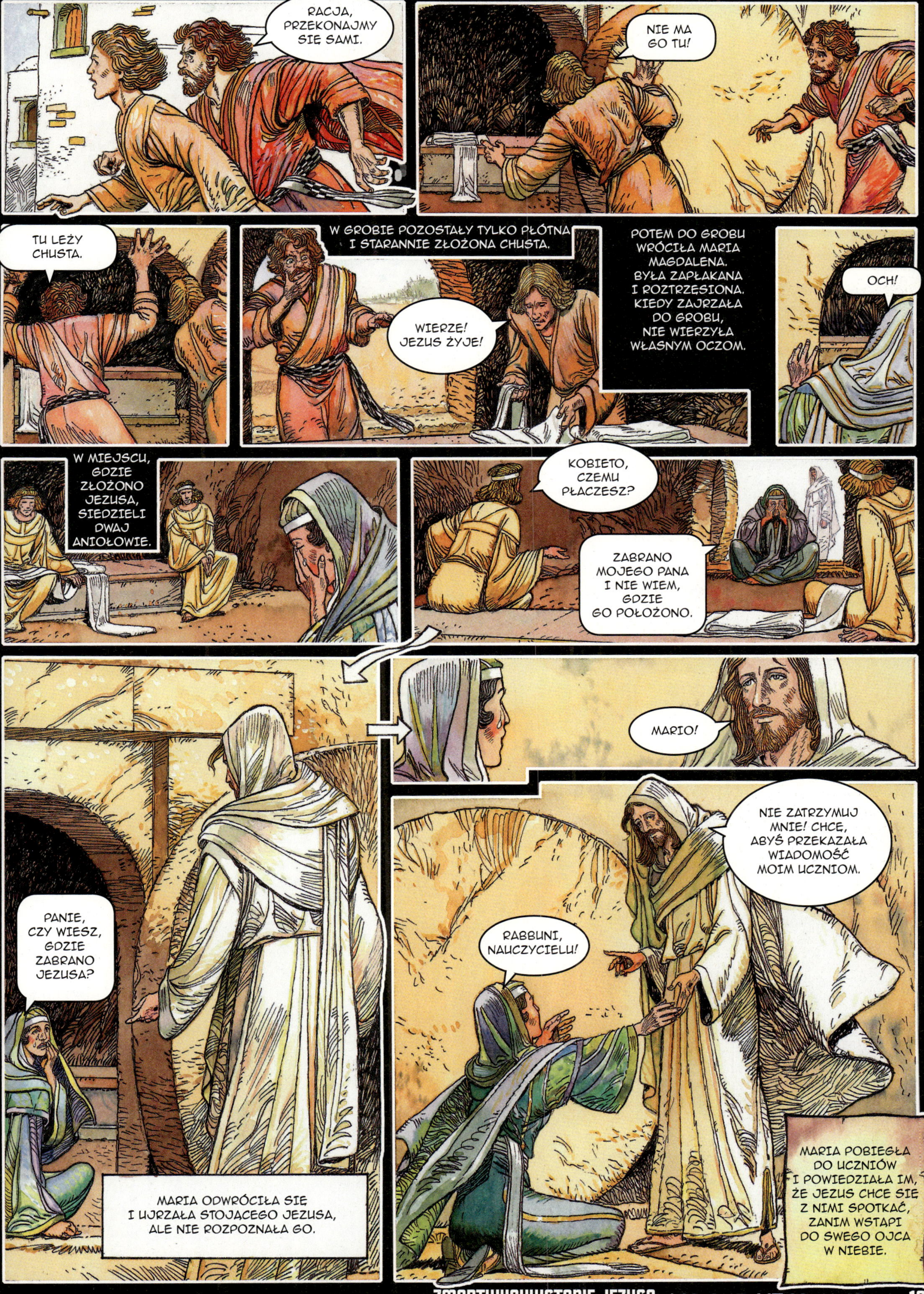
RACJA, PRZEKONAJMY SIĘ SAMI.
NIE MA GO TU!
TU LEŻY CHUSTA.
W GROBIE POZOSTAŁY TYLKO PŁÓTNA I STARANNIE ZŁOŻONA CHUSTA.
WIERZĘ! JEZUS ŻYJE!
POTEM DO GROBU WRÓCIŁA MARIA MAGDALENA. BYŁA ZAPŁAKANA I ROZTRZĘSIONA. KIEDY ZAJRZAŁA DO GROBU, NIE WIERZYŁA WŁASNYM OCZOM.
OCH!
W MIEJSCU, GDZIE ZŁOŻONO JEZUSA, SIEDZIELI DWAJ ANIOŁOWIE.
KOBIETO, CZEMU PŁACZESZ?
ZABRANO MOJEGO PANA I NIE WIEM, GDZIE GO POŁOŻONO.
PANIE, CZY WIESZ, GDZIE ZABRANO JEZUSA?
MARIA ODWRÓCIŁA SIĘ I UJRZAŁA STOJĄCEGO JEZUSA, ALE NIE ROZPOZNAŁA GO.
MARIO!
NIE ZATRZYMUJ MNIE! CHCĘ, ABYŚ PRZEKAZAŁA WIADOMOŚĆ MOIM UCZNIOM.
RABBUNI, NAUCZYCIELU!
MARIA POBIEGŁA DO UCZNIÓW I POWIEDZIAŁA IM, ŻE JEZUS CHCE SIĘ Z NIMI SPOTKAĆ, ZANIM WSTĄPI DO SWEGO OJCA W NIEBIE.

TYMCZASEM STRAŻNICY WRÓCILI DO MIASTA, ABY ZAMELDOWAĆ O TYM, CO SIĘ STAŁO. WYŻSI KAPŁANI WPADLI W PANIKĘ. WIEDZIELI, ŻE MOŻE TO PRZYSPORZYĆ IM DODATKOWYCH PROBLEMÓW I SPRAWIĆ, ŻE RZYMSKI NAMIESTNIK ZACZNIE WYPYTYWAĆ SWOICH ŻOŁNIERZY.
JEZUS ZNIKNĄŁ? CO TO ZNACZY?
TO NIEDORZECZNE!
ZADBAMY O TO, ABYŚCIE UNIKNELI KARY.
JEŚLI PÓJDZIECIE I ROZPOWIECIE LUDZIOM, ŻE NOCĄ PRZYSZLI UCZNIOWIE I WYKRADLI CIAŁO...
...DAMY WAM DUŻO PIENIĘDZY.
STRAŻNICY POSZLI WIĘC I ZACZĘLI ROZPOWIADAĆ TO KŁAMSTWO.
TEGO SAMEGO DNIA DWAJ UCZNIOWIE WĘDROWALI DO NIEWIELKIEJ MIEJSCOWOŚCI ZWANEJ EMAUS.
CO ZA DZIEŃ! MÓWIĄ, ŻE JEZUS ŻYJE. CO O TYM SĄDZISZ?
SAM NIE WIEM, CO MAM MYŚLEĆ.
WTEDY JEZUS PRZYBLIŻYŁ SIĘ I SZEDŁ ZA NIMI. PRZEZ CHWILĘ PRZYSŁUCHIWAŁ SIĘ ICH ROZMOWIE. ZAUWAŻYLI GO, ALE NIE ROZPOZNALI.
O CZYM TAK ROZMAWIACIE?
NIE SŁYSZAŁEŚ? JEZUS Z NAZARETU ZOSTAŁ SKAZANY NA ŚMIERĆ PRZEZ ŻYDOWSKICH PRZYWÓDCÓW I UKRZYŻOWANY PRZEZ RZYMIAN. NIE POZNALI, ŻE BYŁ PROROKIEM, KTÓRY PRZEMAWIAŁ Z MOCĄ DANĄ MU PRZEZ BOGA.
TO SMUTNA HISTORIA.
A MY MIELIŚMY NADZIEJĘ, ŻE TO ON WYZWOLI IZRAELA.
JEDNAK DZIŚ RANO NIEKTÓRZY Z JEGO UCZNIÓW MÓWILI, ŻE JEGO CIAŁO ZNIKŁO. WIDZIELI NAWET ANIOŁÓW W GROBIE.
NIE CZYTALIŚCIE PROROKÓW?

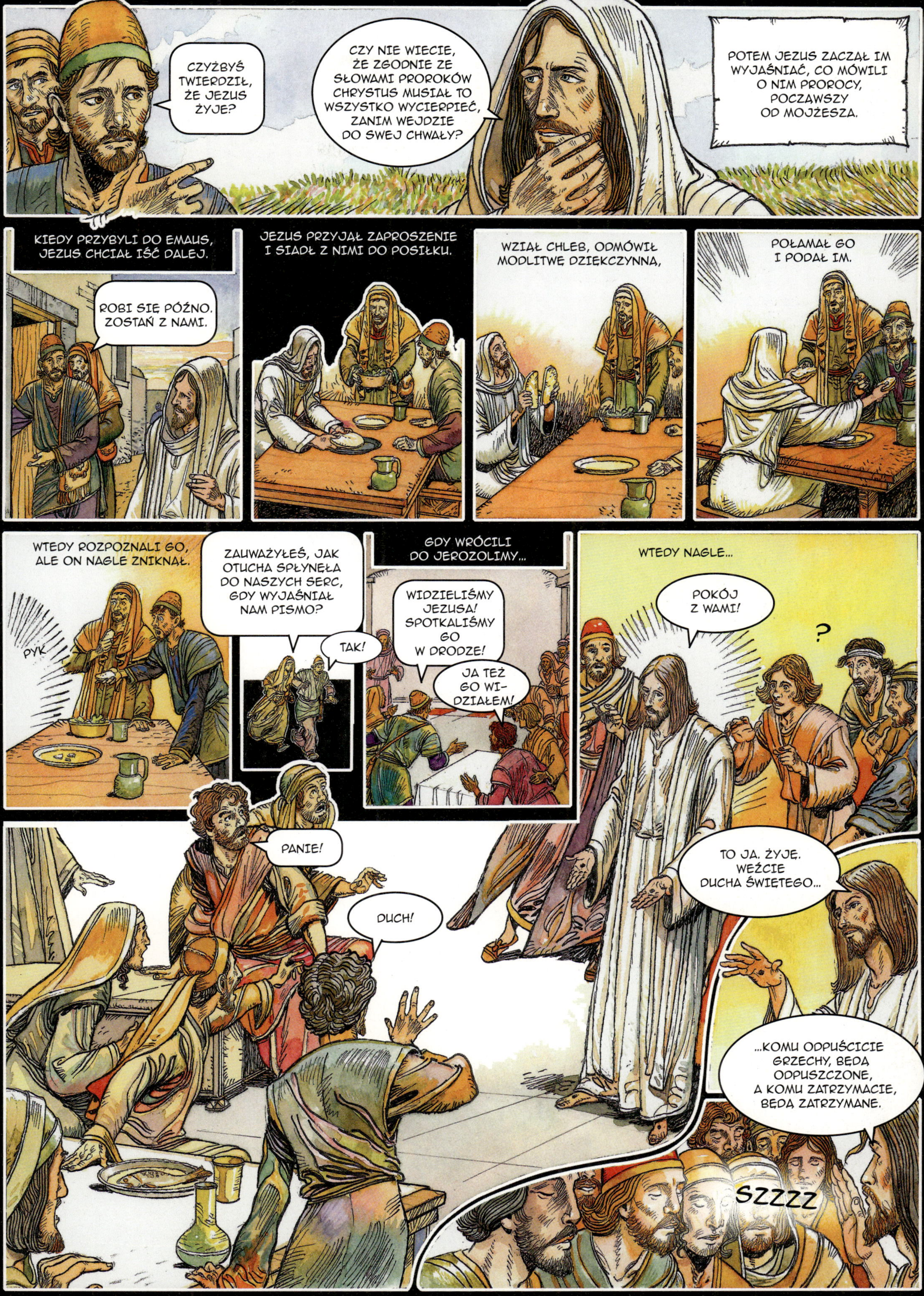
CZYŻBYŚ TWIERDZIŁ, ŻE JEZUS ŻYJE?
CZY NIE WIECIE, ŻE ZGODNIE ZE SŁOWAMI PROROKÓW CHRYSTUS MUSIAŁ TO WSZYSTKO WYCIERPIEĆ, ZANIM WEJDZIE DO SWEJ CHWAŁY?
POTEM JEZUS ZACZĄŁ IM WYJAŚNIAĆ, CO MÓWILI O NIM PROROCY, POCZĄWSZY OD MOJŻESZA.
KIEDY PRZYBYLI DO EMAUS, JEZUS CHCIAŁ IŚĆ DALEJ.
ROBI SIĘ PÓŹNO. ZOSTAŃ Z NAMI.
JEZUS PRZYJĄŁ ZAPROSZENIE I SIADŁ Z NIMI DO POSIŁKU.
WZIĄŁ CHLEB, ODMÓWIŁ MODLITWĘ DZIĘKCZYNNĄ,
POŁAMAŁ GO I PODAŁ IM.
WTEDY ROZPOZNALI GO, ALE ON NAGLE ZNIKNĄŁ.
PYK
ZAUWAŻYŁEŚ, JAK OTUCHA SPŁYNĘŁA DO NASZYCH SERC, GDY WYJAŚNIAŁ NAM PISMO?
TAK!
GDY WRÓCILI DO JEROZOLIMY...
WIDZIELIŚMY JEZUSA! SPOTKALIŚMY GO W DRODZE!
JA TEŻ GO WI-DZIAŁEM!
WTEDY NAGLE...
POKÓJ Z WAMI!
?
PANIE!
DUCH!
TO JA. ŻYJĘ. WEŹCIE DUCHA ŚWIĘTEGO...
...KOMU ODPUŚCICIE GRZECHY, BĘDĄ ODPUSZCZONE, A KOMU ZATRZYMACIE, BĘDĄ ZATRZYMANE.
SZZZZ

JESTEM GŁODNY.
DUCHY PRZECIEŻ NIE JEDZĄ.
WSZYSCY UCZNIOWIE BYLI TAM I WIDZIELI, ŻE JEZUS ŻYJE. WSZYSCY POZA TOMASZEM. KIEDY PRZYSZEDŁ POWIEDZIELI MU, CO WIDZIELI.
JEZUS ŻYJE? ŻARTUJECIE! NIE UWIERZĘ, DOPÓKI NIE WŁOŻĘ SWOJEGO PALCA W JEGO RANY.
ZA TYDZIEŃ JEZUS ZNOWU SIĘ POJAWIŁ.
POKÓJ Z WAMI!
TOMASZU, DLACZEGO WĄTPISZ? PODEJDŹ I WŁÓŻ PALEC W MOJE RANY!
I W MÓJ BOK!
PAN MÓJ I BÓG MÓJ!
ŁATWO JEST UWIERZYĆ, GDY MA SIĘ DOWODY. BŁOGOSŁAWIENI SĄ CI, KTÓRZY UWIERZĄ BEZ DOWODÓW!
PÓŹNIEJ JEZUS UKAZAŁ SIĘ SIEDMIU UCZNIOM. PIOTR CHCIAŁ ŁOWIĆ RYBY, A INNI SIĘ DO NIEGO PRZYŁĄCZYLI. PO CAŁONOCNYM POŁOWIE WRÓCILI RANO NA BRZEG.
NIC NIE ZŁOWILIŚMY!
PATRZCIE, KTOŚ STOI NA BRZEGU I MACHA DO NAS!
PRZYJACIELE, CHCECIE ZŁOWIĆ RYBY? ZARZUĆCIE WIĘC SIEĆ Z PRAWEJ STRONY ŁODZI!
NIE WIEDZIELI, ŻE TO BYŁ JEZUS, ALE ZROBILI, CO IM POWIEDZIAŁ.
OSZALAŁ?
SPRÓBUJMY.

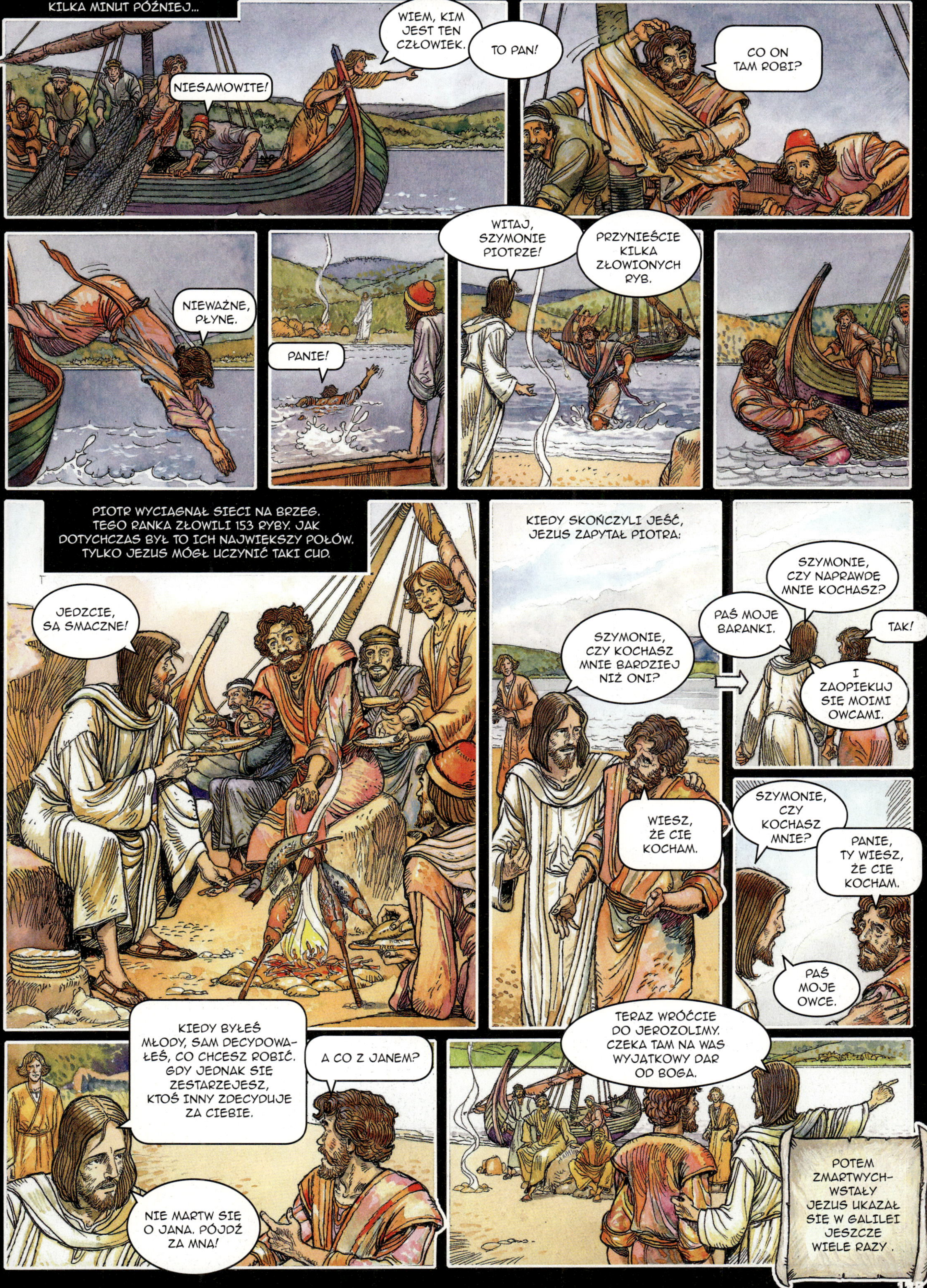
KILKA MINUT PÓŹNIEJ...
NIESAMOWITE!
WIEM, KIM JEST TEN CZŁOWIEK.
TO PAN!
CO ON TAM ROBI?
NIEWAŻNE, PŁYNĘ.
PANIE!
WITAJ, SZYMONIE PIOTRZE!
PRZYNIEŚCIE KILKA ZŁOWIONYCH RYB.
PIOTR WYCIĄGNĄŁ SIECI NA BRZEG. TEGO RANKA ZŁOWILI 153 RYBY. JAK DOTYCHCZAS BYŁ TO ICH NAJWIĘKSZY POŁÓW. TYLKO JEZUS MÓGŁ UCZYNIĆ TAKI CUD.
JEDZCIE, SĄ SMACZNE!
KIEDY SKOŃCZYLI JEŚĆ, JEZUS ZAPYTAŁ PIOTRA:
SZYMONIE, CZY KOCHASZ MNIE BARDZIEJ NIŻ ONI?
WIESZ, ŻE CIĘ KOCHAM.
PAŚ MOJE BARANKI.
SZYMONIE, CZY NAPRAWDĘ MNIE KOCHASZ?
TAK!
I ZAOPIEKUJ SIĘ MOIMI OWCAMI.
SZYMONIE, CZY KOCHASZ MNIE?
PANIE, TY WIESZ, ŻE CIĘ KOCHAM.
PAŚ MOJE OWCE.
KIEDY BYŁEŚ MŁODY, SAM DECYDOWAŁEŚ, CO CHCESZ ROBIĆ. GDY JEDNAK SIĘ ZESTARZEJESZ, KTOŚ INNY ZDECYDUJE ZA CIEBIE.
A CO Z JANEM?
NIE MARTW SIĘ O JANA. PÓJDŹ ZA MNĄ!
TERAZ WRÓĆCIE DO JEROZOLIMY. CZEKA TAM NA WAS WYJĄTKOWY DAR OD BOGA.
POTEM ZMARTWYCHWSTAŁY JEZUS UKAZAŁ SIĘ W GALILEI JESZCZE WIELE RAZY.

OTO HISTORIA ŻYCIA JEZUSA OD JEGO NARODZIN DO WNIEBOWSTĄPIENIA. ON ŻYJE I OBIECAŁ, ŻE POWRÓCI.

TA HISTORIA TRWA NADAL!